Globalisiert geht unsere Welt zugrunde

Bilanz und Ausblick nach 25 Jahren

Joachim Jahnke

Bibliografische Information der Deutschen Nationalbibliothek:
Die Deutsche Nationalbibliothek verzeichnet diese Publikation in
der Deutschen Nationalbibliothek, detaillierte bibliographische
Daten sind im Internet über http://dnb.d-nb.de abrufbar.

© Joachim Jahnke
Herstellung und Verlag: BoD – Books on Demand, Norderstedt
ISBN: 9783741266188

Inhalt

Vorwort 5

1. Der lange Rückblick: Als unsere Welt noch
   halbwegs in Ordnung war 10
2. Washington Consensus 14
3. Liberalisierung des Handels 16
4. Liberalisierung der Finanzmärkte und des
   Kapitaltransfers 21
5. China: Der Gorilla im Wohnzimmer 25
6. EU-Erweiterung und Euro 29
7. TTIP und CECA 34
8. Die wirklich armen Entwicklungsländer als Alibi 38
9. Die sozialen Folgen in den fortgeschrittenen Industrieländern 39
10. Auch unsere Umwelt gehört zu den Verlierern 45
11. Globalisierung bürgerfern und undemokratisch 48
12. Die neuen Protestbewegungen
    und was sie bedeuten 50

Nachwort und Ausblick 56

Abbildungen 63

Vorwort

Im Namen einer angeblich in „unserer" Welt für alle Menschen nur vorteilhaften Globalisierung wurden seit den 70er Jahren die Grenzen für gedumpte Produkte aufgerissen, Produktion in Billigstländer verlagert, Dienstleistungen (vor allem im Finanzsektor) globalisiert, Steuerflucht und Steuerverlagerung ermöglicht und der Zuzug von Arbeitnehmern aus den Erweiterungsländern der EU sowie von Wirtschaftsflüchtlingen eingerichtet, die – soweit geeignet - als billige Arbeitskräftekonkurrenz eingesetzt werden. Selbst die mehrfache Erweiterung der EU und der Euro waren Projekte mit demselben technokratischen Hintergrund. Die Globalisierung galt als unvermeidbar, obwohl sie - teilweise im Auftrag der internationalen Konzerne - von den Eliten selbst betrieben wurde. Sogar ihre Grenzöffnung für Flüchtlinge rechtfertigte Bundeskanzlerin Merkel in ihrer Pressekonferenz vom 28. Juli 2016 als „historische Bewährungsaufgabe in Zeiten der Globalisierung".

Das „TINA"-Mantra („There is no alternative") ist allerorten aus dem Munde der für diese Entwicklung verantwortlichen Politiker zu hören. So wird die Globalisierung einerseits gezielt betrieben, um einseitig den Interessen der davon Begünstigten zu dienen. Andererseits wird sie als Alibi für eine rücksichtslose und weitgehend undemokratische, weil nicht dem Gemeinwohl entsprechende Politik mißbraucht. Im Ergebnis werden vor allem die Mittelschichten der Gesellschaften in den entwickelten Industrieländern entkernt und wird gleichzeitig anderenorts,

Vorwort

besonders in China, eine florierende Mittelschicht aufgebaut.

Wie bei der einseitigen Vermögensverteilung der Reichtum angeblich heruntertropfen sollte, so wurde auch bei der Globalisierung vollmundig eine positiv ansteckende Wirkung auf alle Menschen angekündigt und damit von der Konzentration der Vorteile auf bestimmte Gruppen der Bevölkerung abgelenkt. Erst recht wurden die Nachteile für sehr große Teile der Bevölkerungen regelmässig verschwiegen.

Ich beschäftige mich seit nun mehr als 11 Jahren mit meiner Webseite „Infoportal" und einer Reihe von Büchern sehr kritisch mit den Auswüchsen einer ungehemmten, neoliberalen Globalisierung. 2005 erschien mein Buch „Deutschland global? Mit falschen Rezepten in die Globalisierung". Dem folgte 2008 „Globalisierung: Legende und Wahrheit". Die Zeit ist gekommen, um acht Jahre später erneut Bilanz zu ziehen.

Das Thema lag mir immer nahe, seit ich in den 70er und 80er Jahren in einer leitenden Funktion des Bundeswirtschaftsministeriums an Problemen der Außenhandelspolitik gearbeitet und auch an den entsprechenden Beratungen der EU und des GATT in Genf teilgenommen hatte. Anfangs der 90er Jahre kam ich dann während meiner Zeit im Vorstand der öffentlichen Europäischen Bank für Wiederaufbau und Entwicklung in London mit dem sogenannten „Washington Consensus" in Berührung. Dieser Katalog von neoliberalen Prinzipien der Wirtschafts- und Sozialpolitik war unter den Gesellschaftern des Internationalen Währungsfonds und der Weltbank schon in den

80er Jahren für die Anwendung bei Hilfen an Entwicklungsländer vereinbart worden. Die Bank, der ich angehörte, sollte ihn nun auch auf die Transitionsländer Osteuropas nach Zusammenbruch der dortigen kommunistischen Systeme anwenden. Praktisch bedeutete das für die Internationalen Finanzinstitute, die Augen vor der Privatisierung zu schliessen, mit der in Russland das staatliche Eigentum unter Jelzin in die Hände der Oligarchen verschleudert wurde. „Hauptsächlich privat" war die These.

Gleichzeitig wurden in Russland die Renten gekürzt und fielen immer größere Teile der russischen Bevölkerung in bitterste Armut und in ihrer Verzweiflung nicht selten in einen lebensverkürzenden Alkoholismus. Ich war noch zu sowjetischen Zeiten oft in Moskau gewesen und hatte immer die langen Schlangen am zentralen Kaufhaus GUM beobachtet, Menschen die auf schwer aufzutreibende Waren warteten. Als ich nun zu Jelzins Zeiten erneut an das GUM kam, gab es wieder die Schlangen, nur standen sie umgekehrt: Alte Mütterchen versuchten alte Schuhe und anderes persönliches Habgut zu verkaufen, um ihre ausfallende Rente zu ersetzen. Wenn das die Segnungen des Kapitalismus sein sollten, war es wirklich bedrückend. Nobelpreisträger Joseph Stiglitz hat die westliche Politik globaler Reformen 2002 in seinem Buch „Globalization and Its Discontents" scharf gegeisselt.

Der Washington Consensus sah zentral die Liberalisierung der Handelspolitik durch Abbau aller Beschränkungen sowie eine Liberalisierung der Finanzströme vor. Dagegen baute sich der Widerstand der Antiglobalisierungsbewegung, vor allem Attac, auf. Ich war im Dezember 1999 auf Einladung des damaligen Präsidenten Clinton bei der von ihm in Seattle einberufenen 3. WTO-Konferenz. Vor deren Toren entbrannte eine blutige Schlacht der schwer bewaffneten Sicherheitsstreitkräfte mit Globalisierungsgegnern. So etwas hatte es noch nicht gegeben.

Danach entwickelte sich die globalisierungskritische Bewegung auch in den Metropolen und erfuhr eine weltweite Verbreitung. Treffen der Regierungschefs der wichtigsten Industrieländer im G7-Rahmen konnten nur noch unter einem enormen Polizeischutz stattfinden. Kritisch muß man allerdings sagen: Die Antiglobalisierungsbewegung hat bisher die ständige Fortentwicklung der Globalisierung nicht aufhalten können. Es fehlte ihr vor allem die Unterstützung der Massen in den betroffenen Bevölkerungen. Erst jetzt, nachdem sich nationale Bewegungen des Protestes annehmen und vor allem durch Brexit in Großbritannien und den Aufstieg von Trump in USA und des Front National in Frankreich besonderes Gewicht bekommen haben, nehmen die Eliten in Regierung und Wirtschaft die Widerstände ernsthaft zur Kenntnis und haben - wenn auch noch zaghaft - begonnen, nach Auswegen zu suchen.

Für mich war die neoliberale Ausprägung der Marktwirtschaft, einschließlich des von ihr gezeugten globalen Raubtierkapitalismus, eine dogmatische, technokratische Ideologie mit dem totalitären Anspruch der Aufklärung. Ich muß da stets an die Soziologen der Frankfurter Schule Horkheimer und Adorno denken. Angesichts des Triumphs von Faschismus und Monopolkapitalismus hielten sie in ihrem 1939 begonnen Werk „Dialektik der Aufklärung" die

Vorwort

Aufklärung für totalitär wie nur irgendein System. Die totalitäre Ordnung setze kalkulierendes Denken ganz in seine Rechte ein. Ihr Kanon sei die eigene blutige Leistungsfähigkeit. Aufklärung habe zwar das Ziel verfolgt, von den Menschen die Furcht zunehmen, die vollends aufgeklärte Erde strahle aber im Zeichen triumphalen Unheils. Die Menschheit, deren Geschicklichkeit und Kenntnis sich mit der Arbeitsteilung differenziere, werde zugleich auf anthropologisch primitivere Stufen zurückgezwungen. Denn die Dauer der Herrschaft bedinge bei technischer Erleichterung des Daseins die Fixierung der Instinkte durch stärkere Unterdrückung.

Von Horkheimer und Adorno bis zum derzeit verhandelten Transatlantischen Freihandelsabkommen TTIP spannt sich für mich ein weiter Bogen. Kaum ein Begriff ist in der Politik so oft mißbraucht worden wie der der Freiheit. Wenn es zu keiner Vollbremsung der neoliberalen Form von Globalisierung kommt, wird jedenfalls die uns vertraute Form von Welt, in der es noch Reste echter Freiheit gibt, untergehen. Die Welt wird dann noch weit ungemütlicher werden, als sie es heute schon ist.

Die hochgestellten Ziffern im Text beziehen sich auf die Nummerierung der Abbildungen am Ende des Buches.

Bangor, im September 2016

Kapitel 1

1. Der lange Rückblick: Als unsere Welt noch halbwegs in Ordnung war

In der Theorie stand am Anfang das sogenannte Gesetz der komparativen Kostenvorteile. Danach haben alle Länder den Vorteil, wenn sie jeweils das produzieren, was sie am besten und kostengünstigsten können, und dann die Produkte untereinander austauschen. Das klingt gut und logisch und verpflichtet eigentlich alle Länder, sofort alle Handelshemmnisse abzubauen. Doch in der Praxis ergeben sich enorme Probleme, weil die Theorie dazu einlädt, die miesesten Sozial- und Umweltverhältnisse aufrecht zu erhalten, Gewerkschaften und Streiks zu verbieten und keine ausreichende Sozialversicherung zu betreiben, um sich so einen Kostenvorteil zu verschaffen. Bei intransparenten Wirtschaftssystemen mit viel staatlichem Einfluss über Staatsunternehmen und Staatsbanken, wie beispielsweise in China, lassen sich die wirklichen Kosten mangels einer freien Preisbildung am Markt kaum feststellen, so dass das Prinzip in diesen Fällen eine Einladung zum Dumping wird. Auch werden sich Länder, die sich industrialisieren wollen und daher noch hohe Kosten haben, verständlicherweise mit Handelsbeschränkungen gegen Importe schützen wollen.

Handelsbeschränkungen festzustellen, ist ohnehin schwer möglich, weil sich viele Beschränkungen als technische Handelshemmnisse tarnen, also mit technischen Produktvorschriften, die nur im Importland gelten und das entsprechende Land für Importe uninteressant machen. Zudem sind am Weltmarkt grosse Konzerne unterwegs, deren interne Kostenstrukturen total intransparent bleiben und die oft Monopolvorteile brutal ausnützen. Diese Auflistung zeigt schon, wie gross der Abstand zwischen dem Prinzip und der Realität in der Praxis des Aussenhandels tatsächlich ist.

Über Jahrhunderte haben die Staaten daher Aussenhandel nach eigenem Gusto betrieben, ohne dass es internationale Regeln oder gar Aufsichtsbehörden gab. Das war schon deshalb möglich, weil der Handel meist auf der Basis von Austauschbeziehungen zwischen Mutterland und Kolonien stattfand, wobei das Mutterland die Regeln einseitig festlegte. So wurden in Grossbritannien 1815 die sogenannten Korn-Gesetze beschlossen, um den landbesitzenden Adel gegen Einfuhren zu schützen. Die Getreideeinfuhr wurde bei britischen Getreidepreisen unter 80 Shilling pro Quarter verboten; bei höheren Preisen war die Getreideeinfuhr zollfrei. Darunter litten natürlich die ärmeren Bevölkerungskreise, die auf billige Importe für ihre Ernährung angewiesen waren.

Ausserdem war das internationale Handelsvolumen insgesamt aus heutiger Sicht relativ klein. Die Transportwege waren oft lang und gefährlich, die Kommunikation zwischen den Handelspartnern ohne schnelle Nachrichtenverbindungen beschwerlich. Tatsächlich entschloss sich die internationale Staatengemeinschaft erst 1947 unter dem Eindruck des Zweiten Weltkriegs und der Krisen in den Jahren davor, in denen es zu hohen Handelsschranken gekommen war, ein Abkommen über feste Regeln des

Kapitel 1

Handels zu schliessen: das Allgemeine Zoll- und Handelsabkommen (GATT).

Dank dieses Abkommens und vor allem dank eines immer noch relativ niedrigen Volumens an internationalem Handelsverkehr, war die so eingerichtete Globalisierung jedenfalls für die entwickelten Industrieländer erträglich. Zwischen 1900 und 1950 war der Weltexport nur im selben Rhythmus wie die Industrieproduktion der Welt gewachsen[1] und noch bis etwa 1990 war die Entwicklung relativ mässig[2]. Damit war auch die deutsche Welt noch für lange Jahre wenigstens halbwegs in Ordnung.

Eine erste, wenn auch wenig beachtete Unruhe entstand, als mit der deutschen Ostpolitik von Willy Brandt der Handel mit einigen der noch kommunistischen Länder Osteuropas erleichtert werden sollte. Er war mit Mengenkontingenten gegen Einfuhren in kritischen Bereichen, wie z.B. Textilien, geschützt und die deutschen Industrien sperrten sich gegen mehr Importe. Ich bin selbst immer wieder zu Verhandlungen über eine Anhebung der Kontingente in Osteuropa gewesen und später in Genf, als mit Ungarn das erste sogenannte „Staatshandelsland" in das GATT aufgenommen wurde.

Parallel dazu wurden die internationalen Finanzströme global zunehmend geordnet. Seit 1870 hatte als Währungsregime der Goldstandard gegolten und war ab 1880 in den Industriestaaten das anerkannte System geworden. Doch mit Beginn des Ersten Weltkriegs war die Einlösungspflicht von Banknoten in Gold von vielen Staaten ausgesetzt worden. Grossbritannien hatte ihn als erstes grösseres Land 1931 definitiv verlassen. Im Juli 1944 beschlossen Repräsentanten aus 44 Staaten das System von Bretton Woods. Es sollte die Vorteile des Goldstandards als festes Wechselkurssystem mit den Vorteilen eines flexiblen Wechselkurssystems kombinieren und hielt bis 1973 durch, als die USA die Konvertibilität ihrer Währung in Gold aufgaben.

Dazu galten in den meisten Ländern noch für lange Jahre Kapitalverkehrskontrollen, die gegen spekulative Bewegungen und Steuerflucht schützten. Mit dem Zusammenbruch des Bretton-Woods-Systems gingen die Vereinigten Staaten, Deutschland, die Schweiz und Grossbritannien schrittweise zu flexiblen Wechselkursen über und schafften Kapitalverkehrskontrollen ab. Die letzten Kapitalverkehrskontrollen wurden erst Anfang der 90er Jahre des letzten Jahrhunderts abgebaut, bei Frankreich und Italien in 1990 sowie Spanien und Portugal in 1992. Auf der Basis des sogenannten „Washingtoner Consensus" (siehe Kapitel 2) dominierte dann die Vorstellung, dass Kapital ohne Behinderung dorthin fliessen sollte, wo es für das Wirtschaftswachstum am dringendsten gebraucht und mit hoher Rendite belohnt würde.

Im Schutz einer noch günstigen internationalen Ordnung konnte Deutschland seine blühende soziale Marktwirtschaft aufbauen. Das Wirtschaftswachstum war noch ordentlich[3]. Es kam zwar zu Abwertungen der DM, doch die deutsche Industrie war stark genug, um damit fertig zu werden, und die deutschen Verbraucher hatten im Einkauf und bei Urlaubsreisen den Vorteil davon. Auf Ersparnisse gab es noch anständige Zinsen. Die deutschen Banken waren stark und krisenfrei. Die Arbeitslosenrate lag in den 70er Jahren noch durchschnittlich bei aus heutiger Sicht

Kapitel 2

unglaublich niedrigen 2,5 %. Bis zum Beginn der 90er Jahre entwickelten sich die deutschen Exporte (und auch die Bilanzüberschüsse) noch mässig. Ihr Anteil an der Gesamtwirtschaftsleistung pendelte 30 Jahren lang um 20 % und sprang erst danach auf 40 % hoch[4].

Die anlaufende Globalisierung des Handels und der Finanzmärkte der 70er und 80er Jahre stellte also für „unsere" Welt noch keine ernste Gefahr dar.

2. Washington Consensus

Der sogenannte „Washington Consensus" (WC) war der erste grosse wirtschaftspolitische Schritt in eine neoliberal zu globalisierende Welt. Als eine Auflistung neoliberaler Prinzipien zur Förderung von wirtschaftlicher Stabilität und Wachstum wurde er in den 80er Jahren unter den Gesellschaftern des Internationalen Währungsfonds und der Weltbank für die Anwendung bei Hilfen an Entwicklungsländer vereinbart. Er sollte also global gelten. Der Katalog sah zentral die Liberalisierung der Handelspolitik durch Abbau aller Beschränkungen sowie eine Liberalisierung der Finanzströme, die in den schwachen Ländern einer Konsolidierung der Währungen durch Abwertung folgen sollte, vor. Allgemein sollten alle Märkte total dereguliert werden. Mit dem Aufstieg der „Neuen Rechten" wurde er durch Reagan und Thatcher unverändert auf die USA und Grossbritannien übertragen und später ebenso zum Lehrbuch der politischen Eliten in den meisten anderen Ländern, auch in Deutschland.

Einzelmassnahmen umfassten: Nachfragedrosselung und Kürzung der Staatsausgaben, Verbesserung der Effizienz der Ressourcennutzung in der gesamten Wirtschaft durch Rationalisierung und Kostenökonomie, Liberalisierung der Handelspolitik, Deregulierung von Märkten und Preisen einschliesslich der Abschaffung von Preissubventionen für Grundbedarfsartikel, Privatisierung öffentlicher Unternehmen und Einrichtungen, Entbürokratisierung und Abbau von Subventionen.

In Deutschland legte der damalige Bundeswirtschaftsminister Graf Lambsdorff im September 1982 sein „Konzept für eine Politik zur Überwindung der Wachstumsschwäche und zur Bekämpfung der Arbeitslosigkeit" vor, mit dem die sozial-liberale Koalition aufgelöst wurde und die schwarze Wende zu Helmut Kohl kam. Sein eigentlicher Autor im Ministerium war der Leiter der Grundsatzabteilung Tietmeyer, der unter Kohl Staatssekretär und später Chef der Bundesbank wurde und bis 2012 Vorsitzender des Kuratoriums der neoliberalen „Initiative Neue Soziale Marktwirtschaft" war. Das Lambsdorff-Papier sah u.a. eine „Verteidigung und Stärkung des offenen, multilateralen Welthandelssystems und aktives Vorgehen gegen protektionistische Bestrebungen" vor. Damit wurde die neoliberale Globalisierung auch in Deutschland eingeläutet.

Um die praktische Durchsetzung kümmerte sich in Deutschland ein Netzwerk von Technokraten mit hervorragenden internationalen Verbindungen. Sein Zentrum war im Bundesfinanzministerium, wo alle Beteiligten zu verschiedenen Zeiten Leiter der besonders wichtigen Abteilung Geld und Kredit gewesen waren und dann in verschiedenen hochrangigen Funktionen im Bundeskanzleramt, bei der Bundesbank, der EZB, der EU, dem Euro-Rettungsfonds ESM, im Internationalen Währungsfonds (IWF) und beim Bundespräsidialamt tätig waren oder noch sind.

3. Liberalisierung des Handels

Als am 9. November 1989 die Berliner Mauer fiel, gehörte ich zu den vielen Menschen, die sich ein Stückchen Mauer eroberten, auch wenn man seinen Hammer an die noch vorhandenen Vopos loswerden konnte. Wie die meisten Deutschen zählte ich zu denen, die nun an friedlichere Zeiten glaubten und die sich nach Osteuropa und bis China ausbreitende Marktwirtschaft auf gutem Wege sahen. Die Marktwirtschaft hatte sich global durchgesetzt. Es schien keinen Sinn mehr zu machen, über andere Systemvarianten nachzudenken. Leider hatte ich, wie die meisten Zeitgenossen, übersehen, dass sich ohne die Systemkonkurrenz mit dem Kommunismus das kapitalistische System nun relativ frei von sozialen Zwängen fühlen würde. Nun konnte es ungehemmt seine globalen und in Teilen monopolistischen Strukturen für maximalen Profit einsetzen. Nötig war dafür allerdings ein skrupelloser Fortschritt mit der neoliberal gewandelten Globalisierung.

Übersehen hatte auch ich, dass die nun einsetzende volle weltwirtschaftliche Integration Osteuropas und der grossen Schwellenländer China und Indien mit einer Bevölkerung von ca. 2,7 Milliarden Menschen das Verhältnis von Kapital und Arbeit in der Welt grundsätzlich und für sehr lange Zeiten ändern würde. So hatte sich nach Schätzungen von Harvard-Professor Richard Freeman die Zahl der Arbeitskräfte im globalen Wirtschaftssystem von 1,46 Milliarden auf 2,93 Milliarden verdoppelt, ohne dass das über Investitionen nach Arbeitskräften suchende Kapital (im Unterschied zum Spekulationskapital) entsprechend zunahm. Mehr als die Hälfte der Zunahme an Arbeitskräften und wahrscheinlich 80 % der exportrelevanten Arbeitskraft entfällt dabei allein auf China. Mit so viel zusätzlichem Arbeitskräftepotenzial in Ländern ohne funktionierende Gewerkschaften und teilweise ohne Streikrecht konnte man sich die unsozialsten und daher billigsten Standorte für die Produktion aussuchen und gleichzeitig die heimischen Arbeitskräfte mit Verlagerungsdrohungen kräftig unter Druck setzen (das Kapitel 9 kommt darauf zurück).

Also stand die globale Liberalisierung von Handel und Finanzmärkten fortan ganz oben auf der Agenda der Unternehmenslobby und dementsprechend der Regierungen. Im handelspolitischen Bereich war das schon vorhandene GATT und ab 1994 die neu gegründete Welthandelsorganisation (WTO) der Standort, an dem das Aufreissen der Märkte für Waren und Dienstleistungen betrieben wurde. Der Weg dahin war bereits durch die bis dahin unangefochtene Lehre von den komparativen Kostenvorteilen des Handels und durch den Washington Consensus (siehe Kapitel 2) geebnet worden. Eine Verhandlungsrunde über Abbau von Zöllen und nichttarifären Handelshemmnissen schloss sich nun an die nächste, immer wieder angepriesen mit grossmäuligen Versprechen für mehr Wachstum und mehr Arbeitsplätze auch in den alten Indu-

Kapitel 3

strieländern. Besonders wichtig war die sogenannte Uruguay-Runde, die von 1986 bis 1994 dauerte. Mit ihr wurde das GATT auf neue Bereiche ausgedehnt. Zu diesen gehören Dienstleistungen (GATS), Investitionen (TRIMS) und der Schutz geistigen Eigentums (TRIPS). Weitere Abkommen betrafen die Basistelekommunikation und die Finanzdienstleistungen.

Die neueste Verhandlungsrunde ist die schon seit 2001 stattfindende und noch immer nicht abgeschlossene sogenannte Doha-Runde. Sehr umstritten sind dabei Fragen des geistigen Eigentums, besonders das Patentrecht bei Medikamenten, und des Agrarhandels. Immer wieder wird über Ministerkonferenzen versucht, Fortschritte zu erzielen. Daneben werden immer mehr regionale und präferenzielle Handelsabkommen zwischen den Partnern der WTO abgeschlossen. Die angestrebten Abkommen der EU mit Kanada (CECA) und den USA (TTIP) gehören in diesen Rahmen (siehe Kapitel 7).

Besonders wichtig war im Dezember 2001 die Aufnahme Chinas in die WTO, weil dieses Riesenland, dessen Wirtschaft praktisch weitgehend der Kontrolle der KPC unterliegt, nun wie ein Marktwirtschaftsland freien Zugang zu den Märkten der alten Industrieländer erhielt, auch wenn es noch zeitlich begrenzt Einschränkungen durch ein erleichtertes Anti-Dumpingverfahren gibt (zu den Folgen siehe Kapitel 5).

Während sich die WTO krakenhaft immer breiter aufstellte, lehnte sie strikt ab, die Regeln anderer internationaler Organisationen aus der UN-Familie, wie die der für Arbeitnehmerrechte zuständigen Internationalen Arbeitsorganisation oder die Umweltregeln des UN Umweltprogramms (UNEP) zu beachten. Der global total befreite Handel sollte weder an soziale Auflagen noch an solche des Umweltschutzes gebunden sein.

Die Handelsliberalisierung betraf und betrifft auch die sogenannten Kulturgüter und hier vor allem den Handel mit kulturellen Dienstleistungen. Dabei geht es in erster Linie um audiovisuelle und interaktive Medien, aber auch um visuelle Kunst, Bücher und Presseerzeugnisse. Nach den letzten Daten dominieren die USA und Grossbritannien mit zusammen rund 55 % den Export solcher Dienstleistungen[5]. Sie sind zu einem wesentlichen Element einer sich um den Globus herum ausbreitenden kulturellen Gleichschaltung geworden. Unter den 14 weltführenden Medienunternehmen waren 2014 allein 11 mit einem Anteil von 86 % amerikanische. Gleichzeitig beherrschen die USA die Technologien, die hinter der Verbreitung von Kulturgütern stehen, vor allem das Internet und das Satellitenfernsehen. Von den 14 Top-Internetunternehmen sollen dreizehn amerikanische sein, das vierzehnte britisch. Amerikanische Unternehmen führen mit Abstand im Export von Telekommunikations- und Informationsdiensten. Ein hoher Anteil der weltgrössten Produzenten von audiovisuellen Produkten sitzt in USA. Hollywood dominiert die westliche Filmproduktion, und Filme können jetzt um den Globus herum direkt in die Wohnzimmer gestreamt werden. Über die Kultur wird auch der Lebensstil in vielen Ländern beeinflusst und ebenso gleichgeschaltet.

Durch diese Schritte einer rabiaten neoliberalen Globalisierung des Handels, die auf den Schutz von Arbeits-

Kapitel 3

plätzen in den Importländern keine Rücksicht mehr nahm, wurde ein enormer Anstieg des weltweiten Handelsvolumens erreicht[2]. Der Anteil des Welt-Exports an der Welt-Wirtschaftsleistung verdoppelte sich nahezu von knapp 15 % 1993 auf fast 28 % 2015[6]. Beginnend in 1993 startete auch der deutsche Aussenhandel steil durch, wobei der deutsche Export seinen Anteil an der deutschen Wirtschaftsleistung auf knapp 40 % verdoppelte[4]. Dabei half der für den deutschen Export erheblich unterbewertete Euro. Kasse machen können nun vor allem die deutschen Grossunternehmen, die 2013 nicht weniger als 89 % des Ausfuhrumsatzes auf sich konzentrierten[7]. Auch in anderen Ländern sind es die Multis und ihre Aktionäre, die besonders im Vorteil sind. Ein erheblicher Teil des Aussenhandels wird innerhalb der Unternehmen abgewickelt. Das erlaubt ausserdem, Gewinne steuerschonend zu verschieben. So wurde beispielsweise der Intrafirmenhandel deutscher US-Tochterunternehmen 2006 auf rund die Hälfte der gesamten US-Importe aus Deutschland geschätzt.

Die verschiedenen Bundesregierungen, die unter dem Druck der deutschen Industrie immer an der Vorfront der Globalisierung gestanden hatten, taten alles, um ihre Rolle zu vertuschen. Sie bezeichneten sich als ohnmächtig gegenüber einer quasi vom Himmel fallenden Entwicklung. Beispielsweise hat Erhard Eppler als Vordenker der SPD davon gesprochen, dass sich die Gestaltungsmöglichkeiten für Politik durch die Globalisierung der Märkte dramatisch verringert hätten und Politiker gar nicht mehr das leisten könnten, was die Bürger von ihnen erwarten. Oder Gerhard Schröder: „Man darf ja nicht darüber hinwegsehen, dass die Globalisierung uns zu bestimmten Maßnahmen zwingt." Oder Horst Köhler: „Die Welt ist in einem tief greifenden Umbruch. Wer hier den Zug verpasst, bleibt auf dem Bahnsteig stehen." Auch der Brüsseler Industriekommissar Günter Verheugen (SPD) argumentierte ähnlich: „Wir müssen unsere Volkswirtschaften bewusst dem Wettbewerb aussetzen. Die Verlagerung von Arbeitsplätzen in billiger produzierende Länder ist nicht mehr aufzuhalten."

Die Liberalisierung des Handels (wie auch der Finanzmärkte) wurde und wird also bewusst bürgerfern in anonymen internationalen Organisationen mit wenig demokratischer Kontrolle betrieben. Die Unkenntnis der meisten Menschen über das, was hier vorgeht, ermöglicht erst eine Entwicklung, die so stark in die Interessen der Menschen eingreift. Beim TTIP mit den USA wurde der Schleier nun erstmals durch das Eingreifen organisierten Widerstandes gelüftet.

4. Liberalisierung der Finanzmärkte und des Kapitaltransfers

Der Abbau der Kapitalverkehrskontrollen, über den bereits in Kapitel 1 berichtet wurde, hatte vor allem zwei Folgen. Einerseits kam zu Wellen von spekulativem Kapitalexport, der in den betroffenen Ländern vor allem in Lateinamerika und Südostasien immer wieder für schwere Krisen sorgte, die dann auf die Kapitalexportländer zurückwirkten. Allein der tägliche Währungshandel ist nach fast einer Verfünffachung seit Beginn des Jahrtausends nun

26-mal stärker als die tägliche Weltwirtschaftsleistung, eine unvorstellbare Größenordnung[8]. Der Marktwert an Wetten auf die Entwicklung der Märkte von Währungen, der Zinsen und der Aktienkurse übertrifft die jährliche Weltwirtschaftsleistung sogar um mehr als das 200-Fache, noch unvorstellbarer.

Andererseits erlaubte dieser Abbau der Beschränkungen zusammen mit der Liberalisierung der Finanzmärkte insgesamt den Aufbau von riesigen Finanzzentren, vor allem an Wall Street und in der City of London, die dann mit ihren Ablegern in Steueroasen in der Karibik und einigen anderen Plätzen sichere Häfen für nicht zu versteuerndes Kapital boten und weiter bieten. Die Panama-Papiere haben zuletzt einer breiteren Öffentlichkeit einen kleinen Einblick geboten, was da läuft. In den Papieren sollen sich auch Beweise für die schlimmsten Verbrechen befinden, beispielsweise für Geldwäsche durch Kinderprostitutionsringe.

Indessen ist auch Panama wieder nur die Spitze desselben Eisbergs einer internationalen Verschwörung von Privatpersonen und Unternehmen gegen Steuerehrlichkeit. Nach einer Untersuchung von James Henry, des früher Chefökonomen von McKinsey, im Auftrag des Tax Justice Network hatte die globale superreiche Elite bereits Ende 2010 mindestens 21 Billionen US$ in Steueroasen versteckt[9] - mehr als eine Verdoppelung seit 2002 und fast die Grössenordnung der jährlichen deutschen Wirtschaftsleistung. Das sind Anlagen in Bank- und Investmentkonten, ohne Immobilien, Jachten und ähnliche Wertsachen. Da das globale Vermögen der Reichen insgesamt von anderen Untersuchungen auf etwa 95 Billionen US$ geschätzt wird, wäre dies ein großer Teil davon. Allerdings handelt es sich um Schätzungen; nicht alles im Ausland geparkte Vermögen mag mit Steuerflucht gleichzusetzen sein.

Bei den Steueroasen geht es längst nicht nur um Panama und ein paar Inselchen in der Karibik sondern um "ehrenwerte" Regierungen von Grossbritannien und USA und einigen anderen als normalerweise "sauber" eingeordneten Ländern, die in ihren Hoheitszonen oder Treuhandgebieten und sogar noch in London und an Wallstreet seit sehr vielen Jahren in Konkurrenz miteinander Kapital zu niedrigsten oder gar keinen Steuern anlocken. Allein die ganz amtlich, wenn auch nur in anonymen Summen, an die Bank für Internationalen Zahlungsausgleich meldenden Banken der Industrieländer haben Forderungen gegen die sogenannten Offshore Territorien im Volumen von rund 4 Billionen Dollar oder 230.000 Dollar pro jeden der 17 Mio. dortigen Einwohner. Pro jeden der nur 54.878 Einwohner der Caymans Inseln, der grössten Steueroase, sind es sogar 34 Mio. Dollar[10].

Die beiden Haupt-Inselchen für Schutz vor Steuer und Kontrolle sind wahrscheinlich Manhattan und die City of London. Je nach Definition von "Steueroase" werden mehr als die Hälfte des Welthandels und der Anlagen der Banken sowie ein Drittel der Investitionen multilateraler Unternehmen durch Steueroasen gelenkt. Der IWF schätzte schon 2010, dass die Anlagen in den kleinen Inselstaaten allein auf zusammen 18 Billionen Dollar kommen oder ein Drittel der gesamten jährlichen Wirtschaftsleistung der Welt. Nach Mitteilung des amerikanischen Government

Kapitel 4

Accountability Office von 2008 hatten 83 der 100 grössten amerikanischen Unternehmen Filialen in Steueroasen. Das Tax Justice Network meldete das Gleiche 2009 für 99 der 100 grössten europäischen Unternehmen.

Gerade der Bundesregierung wird vom internationalen Tax Justice Network immer wieder vorgeworfen, nicht genug gegen die Steuerflucht zu tun. Die Organisation listet Deutschland auf Platz 8 unter 92 Ländern, wobei der Geheimnisgrad und die Bedeutung des Landes im internationalen Finanzverkehr berücksichtigt werden. Doch statt gegen die Steueroasen direkt vorzugehen, hat sich die Bundesregierung in der Vergangenheit immer anders beholfen. So hat sie versucht, die Attraktivität der Steuerschlupflöcher durch Steuersenkungen für die Wohlhabenden zu mindern, z.B. durch die wiederholten Absenkungen des Spitzensteuersatzes, den niedrigen Steuersatz für Kapitaleinkünfte von nur 25 %, die Beseitigung der Vermögenssteuer und die mehrfache Kürzung der Unternehmenssteuern. Man möchte sagen, dass die schwarzen Löcher als Vorwand für die Steuersenkungen bei den Wohlhabenden dienten.

Besonders der Steuerwettlauf bei den Unternehmenssteuern macht die Staaten immer ärmer und zwingt sie, bei den Sozialleistungen und anderen öffentlichen Ausgaben unangemessen zu sparen. In den meisten Ländern wurden diese Steuern gegenüber 1981 mindestens halbiert, auch in Deutschland[11]. Betrug hier der Anteil der Körperschaftssteuer an den gesamten Steuereinnahmen Mitte der 80er Jahre noch um 7 %, so waren es 2015 nur noch etwas weniger als 3 %. Es sind, von der Schweiz abgesehen, EU-Länder, die derzeit die niedrigsten derartigen Steuersätze haben. Die EU hätte also hier eine sehr wichtige Aufgabe gehabt, die auch sozialpolitisch geboten wäre. Doch so gut wie nichts geschieht.

5. China: Der Gorilla im Wohnzimmer

Zusammen mit den westlichen Exportkonzernen wurde China zum grössten Nutzniesser der neoliberalen Globalisierung im Handels- und Finanzbereich. Der Beitritt zur WTO in 2001 verschaffte China ziemlich freien Zugang zu den Märkten der entwickelten Industrieländer, obwohl es selbst keine Marktwirtschaft ist und die KPC praktisch überall an den Schalthebeln sitzt. Es kann auf zahlenmässig unbegrenzte und billigste Arbeitskräfte ohne Streikrecht und Schutz durch unabhängige Gewerkschaften zurückgreifen. Mit seinem riesigen internen Markt kann es westliche Grossinvestoren anlocken, die nicht nur Kapital sondern auch die Logistik für die Vermarktung der in China produzierten Waren gleich mitbringen und denen chinesische Partner aufgezwungen werden, die dann bequem wertvolle Technologie absaugen können. Seine riesigen Staatsunternehmen und Staatsbanken können in der Exportoffensive wirkungsvoll eingesetzt werden. Anti-Dumpingmassnahmen der westlichen Handelspartner können meist schon mit der Drohung der Schliessung des chinesischen Marktes verhindert werden.

Noch in diesem Jahr wird es zum Clash mit China kommen, denn die WTO-Partner haben China 2001 leichtsinnig zugesagt, das Land bis Ende 2016 als Marktwirt-

Kapitel 5

schaftsland anzuerkennen. Die böse Folge davon wäre, dass die eventuelle Dumpingmarge nicht mehr an den Kosten von Vergleichsländern, wie Indien, gemessen werden könnte, sondern konkret an den Kosten in China nachzuweisen wäre, was wegen des hohen Staatseinflusses und des intransparenten Wirtschaftssystems kaum möglich wäre. Daher weigern sich die USA und die EU bisher, die Anerkennung auszusprechen. China wird nun wahrscheinlich eine Drohkulisse aufbauen.

Der chinesische Exportüberschuss erreichte 2015 mit einem Anstieg gegenüber Vorjahr um mehr als ein Drittel auf rund 500 Mrd. US$ einen neuen Rekord[12]. Sein seit 2000 kumuliertes Volumen erreicht fast die gesamte deutsche Wirtschaftsleistung eines Jahres[13]. Besonders erfolgreich ist China in Europa. Seit 2002 hat es seinen Anteil an den Einfuhren der EU auf über 20 % mehr als verdoppelt. In einzelnen Warengruppen war der Anstieg noch weitaus grösser, so bei den besonders wichtigen Investitionsgütern (ohne Transportausrüstung) auf über 45 %[14]. Vor allem die europäische Stahlindustrie bekommt derzeit die chinesische Niedrigpreiskonkurrenz zu spüren. Dabei haben die chinesischen Wettbewerber zu den niedrigen heimischen Löhnen auch noch den Vorteil viel laxerer Emissionsregeln. China ist weltweit der bei Weitem grösste Stahlproduzent[15]. Sein Anteil an der Weltstahlproduktion liegt bei nahezu 50 %, der der EU nur bei 10 %.

Die durch eine gigantische Exportentwicklung aufgehäuften Profite und Devisenreserven erleichtern es chinesischen Unternehmen nun, sich direkt in Unternehmen der entwickelten Industrieländer einzukaufen (mit seinen Währungsreserven könnte China alle deutschen börsengelisteten Unternehmen gleich 2 ½-mal kaufen). Zu den Aufkäufern gehören chinesische Staatsunternehmen, womit sich praktisch der chinesische Staat einkauft. Mit den Unternehmen kauft China modernste Technologien und auch das begehrte „Made in Germany" und kann Konkurrenten ausschalten. Zur Jahrtausendwende hatte Chinas Parteichef Jiang Zemin die Firmen des Landes aufgerufen: "Zou Chuqu!" (Schwärmt aus!). In 2015 stiegen die Direktinvestitionen in Europa um 44 % auf 20 Milliarden Euro.

In 2016 hat der staatliche chinesische Chemiekonzern Chemchina den deutschen Maschinenbauer Krauss-Maffei übernommen. Weiter vereinnahmte die Staatsholding Beijing Enterprises den niedersächsischen Müllverbrenner EEW. Bilfinger verkaufte sein Wassertechnologie-Geschäft an Chengdu Tencent. Auch der wertvolle Roboterbauer Kuka ist 2016 voll in chinesische Hand gekommen, der bisher größte Fisch im chinesischen Netz. Die meisten chinesischen Unternehmen sind bisher nicht automatisiert, umso wertvoller ist Kuka und zugleich gefährlich der Verlust für Deutschland. Ausserdem sind die Unternehmen Putzmeister, Kiekert, Schwing, Kion, Solibro, Sunways, Tailored Blanks, Koki Technik Transmission Systems, Hilite, Osram Ledvance, alle schon chinesisch. Allein in der ersten Hälfte 2016 übernahm China insgesamt 37 deutsche Unternehmen im Wert von fast 10 Mrd. Euro, etwa die Hälfte davon Industrieunternehmen, fast doppelt so viel wie im ganzen Jahr 2015.

China hat bereits die USA als Land der grössten Industrieproduktion überholt[16]. Jetzt versucht China mit Gewalt, seine Exporte selbst in einer weltwirtschaftlichen Schwächeperiode hochzuhalten. Für die Zukunft hat Chinas Führung besonders grosse Pläne. Präsident Xi Jingping hat die „One Belt One Road" (OBOR) Initiative vorgestellt, die durch einen 40 Mrd. $ Fund begleitet wird. Ziel ist ein gigantischer Landkorridor durch Zentralasien bis nach West-Europa, der die vorhandene Seeroute zwischen China und Europa ergänzen und sowohl Strassen- wie Eisenbahn- und modernste Kabelverbindungen für die Kommunikation sowie Energietrassen umfassen soll[17]. Das bis zur Mitte des Jahrhunderts zu vollendende Projekt deckt 40 bis 60 Länder ab, in denen zwei Drittel der Weltbevölkerung leben. Gleichzeitig sollen die Regeln des internationalen Handels vereinfacht werden. Auch dieses Projekt kann von den gigantischen Währungsreserven Chinas profitieren, aber auch von den ebenso gigantischen und unterausgenützten Industriekapazitäten des Landes.

Wie soll man mit solchen Risiken aus der neoliberalen Globalisierung umgehen? Im Spiegel-Interview äusserte sich der Nobelpreisträger und Mentor der Theorie zum internationalen Handel Paul Samuelsen schon im September 2005 über die Risiken der Globalisierung: „Ich glaube, dass sich in der globalen Welt bei der Einkommensverteilung die Trennung zwischen der oberen Hälfte und der unteren verschärft. Die Globalisierung gibt uns zusätzlichen Wohlstand, aber sie bringt uns ebenso zusätzliche Unsicherheit, Spannungen und ein erhöhtes Mass an Ungleichheit. Vielleicht sollten wir den Prozess ein wenig bremsen..." Und dann zu China: „China ist der 800 Pfund schwere Gorilla, der mitten im Wohnzimmer steht."

6. EU-Erweiterung und Euro

EU-Erweiterung und der Euro sind letztlich Giga-Vorhaben in Globalisierung, die von den Eliten in Politik und Wirtschaft an den Sorgen der Bürger total vorbei betrieben wurden und werden. Sowohl die EU wie der Euroraum wurden in Stufen immer weiter ausgedehnt. Die Gründung der EU im Jahre 1957 hatte noch einem echten Interesse der Bürger des kriegszerissenen Kerneuropas nach Sicherheit und wirtschaftlicher Entwicklung entsprochen, zumal in Zeiten des „Kalten Krieges". Dagegen fielen die ständigen Erweiterungen der EU nach Osten und bis in den Balkan hinein sowie der Übergang zum Euro als Einheitswährung bereits in die Phase der neoliberalen Globalisierung. So wurde die EU bis zur Handlungsunfähigkeit überdehnt und der Euro schon mit Italien und erst recht mit Griechenland in Länder ausgedehnt, die dafür denkbar ungeeignet waren. Die Ideologie eines immer globaleren Europas hatte die Gehirne der technokratischen Eliten in Regierung, Wirtschaft und Medien besetzt. Die wahren Interessen der betroffenen Bevölkerungen zählten nicht mehr.

Auf eine rasche Osterweiterung drängten besonders Deutschland und Grossbritannien. Bei Grossbritannien unter Thatcher war es die Erwartung, durch die Erweiterung die unbeliebte Integration Europas verwässern zu können. Auf deutscher Seite drängte vor allem die deutsche Industrie. Sie erhoffte sich billige Produktionsstandorte in Osteuropa und die Zuwanderung billiger Arbeitskräfte auf der Basis der Arbeitnehmerfreizügigkeit. Die EU-Erweiterungen (wie der Euro) stiessen auf erhebliche Vorbehalte in der deutschen Bevölkerung, die aber von der politischen und technokratischen Elite in ihrem Traum von einem immer grösseren Europa zur Seite geschoben wurden. Diese Elite bot sogar der Türkei, deren muslimische Bevölkerung bald die deutsche überholen und damit die grösste in Europa sein wird, Verhandlungen zur Aufnahme in die EU an. Darüber hinaus wurde in den letzten Jahren selbst der Ukraine Hoffnung auf Aufnahme in die EU gemacht.

Sofort nach der Ost-Erweiterung von 2004 begann die deutsche Industrie, dort massiv zu investieren, in einzelnen Jahren allein in Polen, Tschechien, der Slowakei und Ungarn über 8 % der gesamten deutschen Auslandsinvestitionen[18]. Daneben tat sie dasselbe schon seit einiger Zeit in China und in den boomenden Euroländern, in denen trotz hoher Verschuldung die Zinsen durch den Euro-Verbund künstlich abgesenkt waren. Dagegen fiel und stagnierte seit 1991 die Investitionsquote der Industrie in Deutschland, was eine Hypothek für die Zukunft der deutschen Wirtschaft bedeutet[19]. Jedenfalls konnten fortan die deutschen Arbeitgeber mit einer Verlagerung der Produktion in den osteuropäischen Hinterhof drohen, um in Deutschland die Löhne zu drücken. Sie taten das sehr erfolgreich.

Zu einem weiteren Problem wurde die Arbeitnehmerfreizügigkeit. Sie brachte billige Arbeitskräfte und entsprechend weiteren negativen Lohndruck nach Deutschland, wo es keinen Mindestlohn gab. Auch löste die Höhe der geschätzten Zuwanderungszahlen in der Öffentlichkeit die Sorge aus, dass die damals hohen Arbeitslosenzahlen weiter ansteigen würden. Nach einer Umfrage von 2004 erwarteten 75% der befragten Deutschen einen Anstieg der Arbeitslosigkeit nach dem Beitritt; nur 28% begrüssten damals die Erweiterung. Doch die Regierungen der Alt-EU bestanden nicht auf ausreichenden Sicherungen gegen die Zuwanderung billiger Arbeitskräfte. So wurde die Arbeitnehmerfreizügigkeit in Stufen nur bis maximal Ende 2013 beschränkt. Ein Teil der Zuwanderung war und ist Folge der besseren Sozialleistungen in Westeuropa, Zum Beispiel kann das Kindergeld profitabel nach Hause geschickt werden, wo es sehr viel mehr wert ist. Besonders in der Zuwanderung vom Balkan werden immer wieder Fälle von Missbrauch der Sozialsysteme Westeuropas bekannt. Der Konflikt hat letztlich dazu beigetragen, Grossbritannien per Brexit von der EU wegzusprengen.

Im sogenannten Flüchtlingsabkommen von 2016 hat die EU auf Drängen der deutschen Bundeskanzlerin dann auch noch der Türkei zugesagt, die Beitrittsverhandlungen zu beschleunigen. Diese Weiche wurde wieder ohne Rücksicht auf die Interessen und Sorgen der meisten deutschen Bürger gestellt. So viel zur EU-Erweiterung.

Beim technokratischen Kunstprodukt Euro gibt es einen die EU vergiftenden Dauerstreit zwischen Deutschland und den Krisenländern der Eurozone über die Haushaltspolitiken, die Beistandstöpfe bis zur Vergemeinschaftung von Staatsschulden und von Einlagegarantien für Sparkonten. Die EZB schafft künstlich immer mehr Liquidität, hält die Zinsen im Nullbereich (real negativ) und finanziert

Kapitel 6

so die verschuldeten Staaten, Unternehmen und Banken der Krisenländer. Das schafft weitere Risiken für den deutschen Steuerzahler und schädigt die deutschen Sparer mit ihrer Altersvorsorge erheblich. Praktisch erleben wir einen gigantischen Vermögenstransfer in die Krisenländer. Ausserdem werden mit der Mega-Liquiditätschöpfung die Preise für Finanzanlagen und Immobilien hochgetrieben. Derzeit ist kein Ende dieser für die meisten Deutschen bedrückenden Situation abzusehen. Es muss sogar befürchtet werden, dass nach den nächsten Bundestagswahlen weitere deutsche Opfer eingefordert werden.

Ein sehr grosser Teil der Deutschen dürfte vom Euro nur noch den Vorteil haben, bei Reisen an den Wechselstuben vorbeilaufen zu können, sonst aber zu den Verlierern dieses gigantischen Experiments in Globalisierung zählen.

Europa ist erstmals nach dem Zweiten Weltkrieg von zahlreichen anhaltenden Krisen gleichzeitig geplagt: eine Wirtschaftskrise mit in vielen Ländern hoher Arbeitslosigkeit[20], ein massiver Zustrom von Flüchtlingen (zusätzlich zu den aus den Beitrittsländern zuwandernden Arbeitnehmern), eine Häufung terroristischer Angriffe, schwere Spannungen mit dem grossen Nachbarn Russland (dabei erstmals wieder eine Entsendung deutscher Truppen an die russischen Grenzen) und nun der Austritt Grossbritanniens aus der EU. Diese Krisen vereinen die EU nicht, sondern spalten sie immer mehr auf. Immer mehr Europäer fühlen sich in der EU nicht mehr gut aufgehoben.

Die enorme Zerrissenheit der EU spiegelt sich ebenso in den Leistungsbilanzen wieder[21] und in der Staatsverschuldung[22]. Das ist keine gute Lage für eine Staatengemeinschaft, deren Gründungsväter ein Friedenswerk vorhatten. Ausländerfeindlichkeit gegenüber EU-Bürgern aus den Beitrittsländern der EU lässt sich jetzt besonders in Großbritannien beobachten. Gerade in den Regionen, in denen die Stimmanteile für den Austritt hoch waren, grassiert eine Welle von Hassmails und Beleidigungen gegenüber denen, die doch immer noch Bürger der gleichen EU sind. Ist das nur ein britisches Phänomen? War die unbegrenzte Arbeitnehmerfreizügigkeit als Teil der globalisierenden Ausdehnung der EU zu einseitig im Interesse der Arbeitgeber eingerichtet worden? Hätte man nicht schon auf die Aufnahme Großbritanniens in die EU verzichten sollen, auch wenn die EU dann auf viel an Globalität verzichtet hätte?

Nach einer neuen interessante Umfrage des Pew Research Centers unter 11.500 Teilnehmern sehen grosse Teile der Bevölkerungen in mehreren EU-Länder die vergangene Dekade als eine Periode nachlassender nationaler Bedeutung und verlangen eine Konzentration auf die Lösung der nationalen Probleme zu Hause, wobei die globale wirtschaftliche Zusammenarbeit von erheblichen Teilen der Bevölkerungen kritisch gesehen wird. Dabei fällt vor allem der Unterschied in der Beurteilung zwischen Deutschland und Frankreich besonders ins Auge.

Während in Frankreich 60 % eine Konzentration auf die eigenen Probleme fordern, sind es in Deutschland nur 40 %[23]. 46 % der befragten Franzosen sehen eine Verminderung der nationalen Bedeutung über die letzte Dekade gegen nur 11 % der Befragten in Deutschland[24].

Dementsprechend sehen in Frankreich 45 % das globale wirtschaftliche Engagement als eine schlechte Sache an, während es in Deutschland mit 24 % nur etwa halb so viele sind[25]. Ähnlich fürchten sich 73 % der Franzosen vor globaler wirtschaftlicher Instabilität gegenüber nur 39 % der befragten Deutschen[26]. Aber auch die Haltung zu den Flüchtlingen und zum Islam ist auf beiden Seiten des Rheins eine andere, wobei die Franzosen deutlich besorgter sind als die Deutschen[27].

In der Gegenüberstellung der Meinungsbilder in Frankreich und Deutschland zeigt sich, wie sehr gerade zwischen diesen beiden wichtigsten Ländern der EU die Meinungen auseinandergehen und damit der Motor der EU zum Stottern gebracht wird[28]. Der Euro trägt sehr zu dieser Spaltung bei, indem er Deutschland eine im Verhältnis zur Exportstärke unterbewertete Währung verschafft, während es in Frankreich umgekehrt ist. Deutschland hat sich zudem früh über die Hartz-Gesetze mit einem wuchernden Niedriglohnsektor und ausgebremsten Löhnen einen künstlichen Wettbewerbsfaktor geschaffen. Die sozialen Daten für beide Länder zeigen das sehr deutlich[29]. Die deutsch-französische Spaltung kann sich innerhalb des Euros nur weiter vertiefen. Auch der miserable Zustand der EU gehört zur Bilanz von 25 Jahren Globalisierung dazu.

7. TTIP und CECA

TTIP mit den USA und der Vorläufer CECA mit Kanada sind besonders aggressive Vorhaben der EU für die weitere Globalisierung. Denn diese Abkommen sollen weit über die Bereiche von Handel und Finanzen hinausgehen und z.B. Investitionen der USA in Europa gegen künftige Regeln der EU für Gesundheit und Umwelt schützen, die sogenannte Daseinsvorsorge also vom Investoreninteresse abhängig machen. Nur weil sich hier in Deutschland zum ersten Mal breiter Widerstand der Bürger gegen ein Globalisierungsvorhaben aufgebaut hat, musste sich die Bundeskanzlerin aus der üblichen Deckung durch die EU herausbewegen und öffentlich einen Abschluss von TTIP noch in 2016 fordern, also eigene Verantwortung auf sich nehmen. Dennoch wirft die drängende deutsche Industrie der Bundesregierung eine Verschleppung der Verhandlungen vor. BDI-Präsident Grillo spricht sogar von „Foulspiel".

Und wieder wurden und werden bei einem Globalisierungsvorhaben alle Trommeln gerührt. Der Bundesverband der Industrie nennt TTIP ein „kostenloses Konjunkturprogramm". Bundeswirtschaftsminister Gabriel sprach im Bundestag von Millionen von Menschen, die in der EU auf den Freihandel angewiesen seien, und Hunderttausende arbeiteten in mittelständischen Unternehmen, die heute keine Chance hätten, auf den amerikanischen Markt zu kommen. Auf der Webseite seines Ministeriums wird uns versprochen: „Die transatlantische Handels- und Investitionspartnerschaft ist ein aussergewöhnliches gemeinsames Projekt, das erhebliche Wachstums- und Beschäftigungseffekte erzielen kann. Ein transatlantisches Abkommen wird der EU und den USA neuen Schwung für Wirtschaft und Arbeitsmarkt bringen."

Kapitel 7

Die EU-Kommission bezieht sich mit ihrer eigenen Trommelei auf ein Gutachten des Londoner Centre for Economic Policy Research (CEPR), das sie dort selbst in Auftrag gegeben hat und das daher entgegen ihrer Aussage durchaus nicht unabhängig ist. Unter den das CEPR finanzierenden Mitgliedern sind zwei Drittel Unternehmen des Finanzsektors, was ebenfalls kaum für Unabhängigkeit spricht. Nach diesem Gutachten soll das TTIP den Unternehmen Ersparnisse in Millionenhöhe bescheren und hunderttausende neue Arbeitsplätze kreieren. Nach vollständiger Umsetzung dieses Abkommens wird ein Wirtschaftswachstum für die EU von 0,5% BIP oder 119 Mrd. Euro über 10 Jahre erwartet. Dieses zusätzliche Wirtschaftswachstum werde allen zugutekommen; die Belebung des Handels sei ein gutes Mittel zur Stimulierung unserer Volkswirtschaften, da sie Angebot und Nachfrage verstärkte, ohne dass die öffentliche Hand ihre Ausgaben oder Kreditaufnahme erhöhen müsse, so die EU-Kommission. Aber was wären schon 0,5 % über 10 Jahre? Und so machte der BDI auf seiner Webseite daraus flugs: "dass EU und USA jeweils mit rund 100 Mrd. Euro Wirtschaftswachstum pro Jahr rechnen können". Die Angabe wurde erst nach Protest von „Foodwatch" korrigiert. Allerdings hatte auch eine Broschüre der arbeitgeberfinanzierten „Initiative Neue Soziale Marktwirtschaft" die angeblich frohe Nachricht fälschlich als "pro Jahr" verbreitet.

Nachrichten über die Verhandlungen zu TTIP kommen nur gefiltert ans Licht der Öffentlichkeit. Selbst Abgeordnete des Deutschen Bundestags durften die Entwürfe nur in einem Geheimraum des Bundeswirtschaftsministeriums sehen. Bei CECA entbrannte sofort ein Streit, ob eine Zustimmung der Parlamente der EU erforderlich sei. Die EU-Kommission lenkte schliesslich auf Anraten aus den Hauptstädten ein.

Nach den letzten von Greenpeace veröffentlichten Geheimpapieren zu TTIP gehen die USA kaum auf die Sorgen der Europäer ein. Sie weigern sich immer noch, auf eine Paralleljustiz bei Investitionsstreitigkeiten durch private Schiedsgerichte neben den normalen Gerichten zu verzichten. Auch zu dem Kompromiss-Vorschlag der EU-Kommission für ein unabhängiges öffentliches Investitionsschutzgericht neben den normalen Gerichten haben sie sehr zurückhaltend reagiert. Ebenso mauern sie bei der Öffnung der Märkte für das Beschaffungswesen. Der Agrarmarkt ist eine weitere grosse Hürde für eine Einigung. Dabei geht es vor allem um den besonderen Schutz regionaler Produkte, wie den Parmesankäse oder Schwarzwälder Schinken. Streit gibt es natürlich immer noch bei genmodifizierten Agrarprodukten sowie dem Einsatz von Antibiotika und Hormonen bei Rindfleisch. Praktisch geht es den USA darum, in Zukunft ihre gesamte Produktpalette über den Atlantik verkaufen zu dürfen, also auch inklusive gentechnisch veränderter Produkte. Produktverbote zum Schutz der menschlichen Gesundheit wollen sie nur zulassen, wenn diese wissenschaftlich belegt seien, nicht aber schon, wenn es um Risiken geht. Schliesslich bestehen die USA auf einer weitgehenden Liberalisierung der Dienstleistungen, wo sie sich erhebliche Wettbewerbsvorteile versprechen, von den Banken bis zum Verkehr und dem Streaming digitaler Musik.

Kapitel 8

Die Stimmung zum TTIP bei den Bürgern Europas ist nach Umfragen sehr gespalten, wobei in Deutschland und Österreich nur 31 % bzw. 23 % dafür eintreten. Nach einer Umfrage der Forschungsgruppe Wahlen vom Februar 2016 sehen nur 13 % der befragten Deutschen Vorteile. In USA scheint die Stimmung ähnlich schlecht zu sein. Es wäre also zu hoffen, dass dieses Giga-Projekt zur Schaffung des grössten Marktes der Welt nicht zustande kommt.

8. Die wirklich armen Entwicklungsländer als Alibi

Immer wieder wird von den Fürsprechern der Globalisierung behauptet, dass sie vor allem den armen Ländern des Südens nütze. Die noch laufende letzte Doha-Verhandlungsrunde der WTO wird geradezu als „Entwicklungsrunde" ausgegeben. Doch hat gerade in den armen Entwicklungsländern trotz aller Globalisierung enttäuschend wenig Entwicklung stattgefunden[30]. In den Ländern des Mittlerer Ostens (ohne Ölländer) und Nord-Afrikas, in Afghanistan, Pakistan und Sub-Sahara-Afrika leben zusammen über 1,5 Mrd. Menschen in einem immer noch ökonomisch weit unterentwickelten Zustand. Besonders in weiten Landstrichen Afrikas regiert immer noch der Hunger und nun zunehmend der Terrorismus. Der Abstand in der Pro-Kopf-Wirtschaftsleistung der fortgeschrittenen Industrieländer zu Sub-Sahara-Afrika stieg auf das 12-Fache.

Die traditionelle Entwicklungshilfe hat daran nicht viel geändert. Bereits 1970 wurde das 0,7 %-Ziel für Entwicklungshilfe als Anteil am BIP unter den Industrieländern vereinbart. Deutschland hat allerdings nur wenig mehr als die Hälfte erreicht. Viele andere sind noch weit darunter geblieben.

Die Einbeziehung in die Vereinbarungen zur Globalisierung birgt für wirklich arme Entwicklungsländer erhebliche Gefahren. So müssen sie den Import von oft subventionierten Landwirtschaftsprodukten zulassen, auch wenn der ihre eigene Landwirtschaft torpedieren würde. Vor allem die USA bestehend sehr auf dem Schutz von Patenten, was die medizinische Versorgung erheblich erschweren kann. Indien hat beispielsweise eine bedeutsame Industrie für generische pharmazeutische Medikamente und soll entsprechend der Doha-Runde für Produkte ab 2005 Patentschutz gewähren.

Unter den früheren Entwicklungsländern sind nur die aggressiven Schwellenländer, besonders China (siehe Kapitel 5), Nutzniesser der Globalisierung geworden und das sehr oft auf Kosten der Arbeitsplätze und des Lohnniveaus der Arbeitnehmer in den fortgeschrittenen Industrieländern (siehe Kapitel 9). Das allgemeine Feigenblatt einer den armen Ländern dienenden Globalisierung ist dagegen weitgehend nur ein Alibi.

9. Die sozialen Folgen in den fortgeschrittenen Industrieländern

Wir kommen jetzt zu den eigentlichen Problemen der Globalisierung: ihren sozialen Auswirkungen auf die Arbeitnehmer und die Einkommensverteilung in den entwikkelten Industrieländern. Das Lohnniveau geriet durch Billigimporte, die nicht selten gedumpt waren, unter gewaltigen Druck. Gleichzeitig wurde in der Folge der für Dumping- und andere Billigstimporte aufgerissenen Grenzen Industrieproduktion massiv verlagert, besonders nach China, das so zur Werkbank der Welt aufstieg (Kapitel 5)[31], sowie in weitere Schwellenländer und nach Osteuropa. Damit gingen in vielen Ländern grosse Teile der industriellen Basis verloren und entstanden stattdessen meist niedrig entlohnte und unsichere Jobs im Dienstleistungsbereich[32]. Auch in Deutschland ging der Industrieanteil an der Beschäftigung von 35 % anfangs der 70er Jahre auf nur noch knapp 19 % 2015 zurück. Die Entwicklung der Löhne blieb dramatisch hinter der der Unternehmer- und Vermögenseinkommen zurück[33].

Der Druck auf die Löhne hat die Gewerkschaftsmitglieder frustriert und damit das Gegengewicht der Gewerkschaften erheblich geschwächt[34]. In Deutschland sank die Mitgliederquote von 36 % 1975 auf nur noch 18 % 2013.

Die soziale Bilanz nach etwa 45 Jahren Globalisierung und besonders in den letzten 25 Jahren fällt für die meisten Menschen der entwickelten Industrieländer miserabel aus. Nicht nur die ehemals relativ sozialen Gesellschaftsstrukturen und deren Aufstiegsmobilität sondern zugleich der demokratische Zusammenhalt wurden auf dem Altar dieser immer wieder angepriesenen Globalisierung geopfert.

Besonders deutlich zeigen sich die Schleifspuren der Globalisierung in USA, dem Vorreiterland auf dem Weg in die Globalisierung. Der Arbeitsmarktexperte David Autor vom Massachusetts Institute of Technology hat kürzlich eine empirische Untersuchung unter dem Titel „The China Shock" über die Importe aus China veröffentlicht. Sie zeigt, dass die Importe in den untersuchten Distrikten mit Industrieproduktion, die dieser Konkurrenz ausgesetzt waren, dort massenhaft die Jobs der einfachen Arbeiter vernichtet haben[35]. Die Anpassung der lokalen Arbeitsmärkte an diese Entwicklung ist äusserst langsam und lässt die Löhne und Beschäftigungsraten mindestens für eine Dekade zusammengedrückt. Auf der nationalen Ebene der USA sind die Beschäftigungsverluste in den dem chinesischen Wettbewerb ausgesetzten Industrien nicht durch Beschäftigungsgewinne in anderen Industrien ersetzt worden.

Nach Autor widerlegt die Auswirkung der chinesischen Konkurrenz die bis etwa zum Jahr 2000 gelehrten Thesen von dem allseitigen Vorteil der Globalisierung der Handelsströme. Dank einer enormen Spezialisierung und Konzentration ist Chinas Anteil am Weltexport von Industrieprodukten inzwischen etwa doppelt so hoch wie sein Anteil am gesamten Weltexport. In den USA führten die verstärkten Importe aus China zu mehr Abhängigkeit der betroffenen Arbeitnehmer von öffentlicher Unterstützung, und zwar pro Arbeitnehmer in der Grössenordnung von 6 US$ je 100 US$ an Import aus China. Ein Anstieg der Importe aus China um 1.000 US$ pro Arbeitnehmer reduzierte die Beschäftigung in der Industrie über ein Jahrzehnt um jeweils 0,6 %. Tatsächlich stieg der Umfang des Imports aus China pro Arbeitnehmer im Jahrzehnt zwischen 1990 und 2000 um 1.140 US$ und zwischen 2000 und 2007 noch einmal um 1.839 US$. Damit entfällt allein ein Drittel des gesamten Beschäftigungsverlusts zwischen 1990 und 2000 auf China-Importe und noch einmal 55 % für die Periode zwischen 2000 und 2007. Der Begriff „Shock" ist deshalb voll berechtigt.

Nach einer neuen Studie von McKinsey unter dem Titel „Ärmer als die Eltern" haben im Durchschnitt zwischen 65 und 70 % der Haushalte in 25 Hoch-Einkommens-Gesellschaften zwischen 2005 und 2014 stagnierende oder fallende Markt-Einkommen erfahren[36]. Das waren 540 bis 580 Mio. Menschen. Dagegen hatten darunter zwischen 1993 und 2005 nur 2 % der Haushalte gelitten. Nur Dank fiskalischer Umverteilung hielt sich der Anteil der zwischen 2005 und 2014 betroffenen Haushalte noch bei 20 bis 25 % der verfügbaren Einkommen. Auch dann sind noch 170 bis 210 Mio. Menschen betroffen. McKinsey befürchtet, dass sich diese Entwicklung im kommenden Jahrzehnt fortsetzen kann.

Ebenso stieg das Verhältnis der Einkommen des obersten Fünftels zu denen des untersten („S80/S20") in vielen Ländern erheblich an. War es in Deutschland im Jahr 2000 noch das 3,5-Fache, so kletterte es bis 2014 auf das 5,1-Fache, eine Vergrösserung des Abstands um fast die Hälfte. Dabei stürzte der Anteil des untersten Fünftels am Einkommen von kümmerlichen 10 % vor 16 Jahren auf noch kümmerlichere 7,5 % im letztermittelten Jahr 2014. Das oberste Fünftel kam stattdessen 2014 auf mehr als 38 %[37]. Und diese ungleiche und gesellschaftszerstörende Bewegung scheint kein Ende zu nehmen.

Der Zuwachs im Anteil der obersten 10 % der Haushalte am Gesamteinkommen über die letzten Jahrzehnte dokumentiert gut, wie sich die Einkommen am oberen Ende konzentrieren. In USA kassierten diese Haushalte 2015 bereits mehr als die Hälfte aller Einkommen, in Deutschland fast 40 %. Das sind Spitzenwerte, die auf oder schon über dem Niveau vom Anfang des vergangen Jahrhunderts liegen[38]. Man muss daher von einer Re-Feudalisierung der Gesellschaften sprechen, mit einer Einkommenskonzentration wie zu Zeiten der Ruhrbarone und des reichen Landadels vor über 100 Jahren in Deutschland.

Diese Daten kommen aus der "World Wealth and Income Database", die auf einer Auswertung der Steuerdaten beruht und nicht wie sonst meist auf Umfragen. Damit wird vermieden, daß die besonders hohen Einkommen allein über Umfragen nicht erfaßt werden können. Für einen breiteren Vergleich von Ländern wurden Daten zusammengestellt, die die Vermögenseinkommen nicht mitumfassen, was aber an der Konzentration in Anteilen am Gesamteinkommen nicht viel ändert[39, 40]. Deutschland rangiert in der Spitzengruppe der Einkommenskonzentration.

* * * * *

Die hier beschriebene immer ungleicheren Einkommens- und Vermögensentwicklung ist nicht nur das Ergebnis der Globalisierung. Erheblich beigetragen hat der technische Fortschritt, bei dem der Kollege Automat zum bitteren Konkurrenten geworden ist. In Deutschland ist die Roboterdichte in der Industrie besonders hoch und hat sich zwischen 2000 und 2011 fast verdreifacht. Nur in Japan und Korea ist sie noch höher.

Kapitel 9

Die technologische Entwicklung wird in den kommenden Jahrzehnten erst so richtig loslegen und zugleich viele höher qualifizierte Berufsgruppen erreichen. Die Dramatik liegt nicht allein in der höheren Geschwindigkeit und Präzision, mit der die Automaten den Menschen bei der Handarbeit ersetzen können, sondern in der revolutionären Entwicklung kognitiver Fähigkeiten smarter Automaten. Nach Andrew McAfee, Direktor am Center for Digital Business des MIT und Autor einer neuen Untersuchung, droht damit „eine tektonische Verschiebung in der Arbeitswelt". Die nächste Generation der Automaten kommt mit künstlicher Intelligenz. Wie Jaron Lanier in seinem neuen Buch „Who Owns the Future?" ausführt, wird nicht zuletzt die Mittelklasse der grosse Verlierer der neuen digitalen Weltordnung sein. Andere sprechen von einem Prozess der "Aushöhlung" der Mitte des beruflichen Spektrums, in dem ein Teil der Arbeitnehmer sich nach oben qualifizieren und im Wettbewerb mit dem Automaten behaupten kann, während ein anderer überqualifiziert auf einfache und niedrig bezahlte Jobs herunterfällt.

In einem Artikel in der New York Times vom Juni 2013 erinnert der Nobelpreisträger Paul Krugman an die Besonderheit des modernen Technologiefortschritts, nämlich seine Reichweite tief in das Bildungsbürgertum und qualifizierte Arbeitskräfte hinein. Deren Jobs werden zunehmend genauso entwertet wie die einfacher Arbeitskräfte. Bildung sei kein Ausweg mehr aus dem Teufelskreis einer zunehmenden Aufspaltung der Gesellschaft zwischen Kapital und Arbeit. Andrew Haldane, Chefökonom der Bank of England, hat vor kurzem in einem Vortrag vor dem britischen Gewerkschaftsverband die Risiken der Übernahme durch Automaten nach Risikoklassen und davon Betroffenen analysiert. Er kam zum Ergebnis, dass in Grossbritannien 15 Mio. Jobs und in USA 80 Mio. Jobs betroffen sein können. Das sind noch Annahmen auf der Basis der derzeit in Entwicklung befindlichen Automaten. Sie zeigen bereits ziemlich dramatische Umbrüche auf den Arbeitsmärkten. Für Deutschland dürften ähnliche Verhältnisse gelten.

Umso bedrückender werden die in die gleiche Richtung arbeitenden sozialen Wirkungen der Globalisierung empfunden werden. Das gilt erst recht, wenn der Kollege Automat jenseits der Landesgrenzen sitzt und dort produziert oder digitalen Zugang zu den Märkten der Industrieländer findet. Umso mehr sollte der Erwerb des deutschen Unternehmens Kuka, eines der weltweit führenden Anbieter von Robotik sowie Anlagen- und Systemtechnik und Pionier in Industrie 4.0 durch den chinesische Midea-Konzern als Warnung verstanden werden.

Deutschland wird sich auf die Lösung enorm schwieriger sozialer Probleme vorbereiten müssen. Dabei werden eine Million zusätzlicher Flüchtlinge meist ohne Berufsausbildung und aus ganz anderen Kulturen kaum helfen können und eher im Wege stehen.

10. Auch unsere Umwelt gehört zu den Verlierern

Die neoliberale Globalisierung hat die umweltbelastende Produktion an die Standorte gebracht, wo sie

Kapitel 10

global den wenigsten Umweltauflagen unterliegen. Die Verlagerung ganzer Industrien nach China bedeutet, dass die Produktion nun dort auf der Basis von Energie aus veralteten Kraftwerken und besonders schmutziger Kohle betrieben wird. Die Energieintensität der chinesischen Wirtschaft ist wesentlich höher als in den entwickelten Industrieländern, etwa sechsmal höher als in Deutschland[41]. Umweltpolitisch kann eine solche Verlagerung daher nur als Wahnsinn bezeichnet werden.

Ein gigantischer Mülltransport, oft mit besonders gefährlichem Industriemüll, wird jedes Jahr in Entwicklungsländern abgekippt. Afrikas giftigste Müllhalde liegt in einem Slum am Rande der Hauptstadt Accra in Ghana. Noch vor 15 Jahren war dort eine grüne Lagune. Heute leben die Menschen dort auf einer meterhohen Lage Elektro- und Plastikschrott. Messungen haben ergeben, dass die Schadstoffbelastung in Luft und Boden die zulässigen Grenzwerte um das 50-fache überschreitet.

50 Millionen Tonnen Elektroschrott entstehen jedes Jahr weltweit. Zwei Drittel davon wird in Entwicklungsländer exportiert. Täglich kommen Container aus aller Welt in Ghanas Tiefseehafen Tema an. Sie sind voll mit Computern, Fernsehern oder Kühlschränken, die als gebrauchsfähige Secondhandware deklariert sind. Ein grosser Teil davon ist jedoch Schrott, der exportiert wurde, um die teure Entsorgung im Ursprungsland zu umgehen. Tausende Ghanaer, darunter viele Kinder, schlachten die alten Geräte aus. Ein Grossteil des Elektroschrotts stammt aus Deutschland. Dabei hat Deutschland die Basel-Konvention unterzeichnet, die den Export von gefährlichem Abfall

verbietet. Elektroschrott ist gefährlicher Abfall, der Deutschland nicht verlassen sollte

Besonders gefährliche Umweltschadstoffe, wie bestimmte Pestizide, wurden in den hochentwickelten Industrieländern verboten, kommen aber ebenfalls dank Globalisierung mit landwirtschaftlichen Produkten der Schwellenländer zurück.

Die Umweltschadstoffe wurden genauso globalisiert wie die Produktion und die Menschen. Die in den ärmeren Ländern leiden besonders darunter und die in Ländern, wie China, wo Bruttosozialprodukt vor Umwelt kommt. Die Weltbank schätzte schon 2007, dass in China etwa 750.000 Menschen jedes Jahr vorzeitig wegen Erkrankungen der Atemwege, die mit der Luftqualität zusammenhängen, sterben. In einer neuern Studie schätzt Greenpeace Peking die Zahl der in vier grösseren Städten als Folge allein von PM 2.5 (Feinstaub) vorzeitig Gestorbenen auf über 8.000. Laut einer anderen Berechnung der Weltbank machen die Kosten, die durch Umweltverschmutzung entstehen, inzwischen 5,8 % der jährlichen Wirtschaftsleistung Chinas aus, wobei allein die Luftverschmutzung mit 3,8 % zu Buche schlägt. In den Kosten sind unter anderem der Anstieg der Kosten für medizinische Versorgung, Autounfälle, die Stornierung von Flügen und Materialschäden enthalten. Dabei fanden einer Gallup-Umfrage vom Dezember 2012 zufolge schon damals 57 % der Chinesen Umweltschutz wichtiger als Wirtschaftswachstum.

Die Weltemissionen von CO2 steigen immer weiter[42]. China hat inzwischen die USA als Hauptemittent mit 54 % mehr an Emissionen weit überholt[43]. In einem verzweifel-

Kapitel 11

ten Kampf gegen die Klimaerwärmung versucht die Welt zu Vereinbarungen über Höchstmengen zu kommen, die wirklich durchsetzbar sind. Doch im Umweltbereich scheint die Globalisierung der Zerstörung zu funktionieren, nicht aber die Rettung davor. Gerade China als einer der grössten Verschmutzer lehnt wirklich feste inernationale Absprachen ab.

11. Globalisierung bürgerfern und undemokratisch

Es scheint das Markenzeichen der neoliberalen Globalisierung zu sein, dass sie bürgerfern und daher mit wenig demokratischer Legitimation vorangetrieben wird. Sie scheut Volksbefragungen wie der Teufel das Weihwasser. Wichtige Wendemarken in der Entwicklung der europäischen Integration wurden in einzelnen EU-Ländern dem Volk vorgelegt. Dabei scheiterte der Vertrag über eine Verfassung für Europa von 2004, den zehn Länder ihren Völkern vorlegen wollten, schon an der Ablehnung in Frankreich und den Niederlanden. Die Österreicher durften über den Beitritt zur EU entscheiden, die Briten über den Austritt. Die Deutschen hatten nie eine Chance, über irgendeinen Globalisierungsschritt direkt mitzubestimmen.

In Umfragen unter deutschen Bürgern zeigt sich immer wieder eine enorme Distanz zu Globalisierungsschritten der Regierenden. Das war bei der Einführung des Euro so, bei der übereilten Osterweiterung, jetzt beim TTIP oder beim Verhältnis zur Türkei. So sprachen sich im Juli 2016 zwei Drittel der Befragten dafür aus, die EU-Beitrittsverhandlungen mit der Türkei abzubrechen. Fast sieben von zehn Befragten traten auch für einen sofortigen Stopp der EU-Milliardenzahlungen an die Türkei ein und 52 % dafür, das Flüchtlingsabkommen überhaupt aufzukündigen. Doch die Regierenden werden die Volksmeinung nicht beachten (jedenfalls solange die AfD mit ihren Wahlergebnissen nicht zur Bedrohung wird).

Selbst die Beteiligung der nationalen Parlamente an wichtigen Globalisierungsschritten wird immer wieder zum Problem. So musste das Bundesverfassungsgericht in mehreren Entscheidungen dafür sorgen, dass der Bundestag an der Entwicklung der Hilfspakete zur Eurorettung beteiligt wird. Die EU-Kommission wollte den Handelspakt CECA mit Kanada zunächst ohne Beteiligung der Parlamente durchwinken. Beim TTIP wurden die Abgeordneten des Bundestags bisher nur unter beschämenden Bedingungen über die Verhandlungspositionen informiert. Erst recht wird das Volk dumm gehalten. Ohne das grosse Engagement von Nichtregierungsorganisationen wäre der bisherige Verhandlungstand beim TTIP der Öffentlichkeit total vorenthalten worden.

Seit Jahren haben die Regierungen immer mehr nationale Verantwortung auf die EU-Kommission und die Europäische Zentralbank (EZB) abgedrückt und so die Bürgerferne der Entscheidungen immer weiter erhöht. Beispielsweise hat die Bundesregierung zusammen mit den anderen Regierungen sogar die Aufsicht über die Banken, die in Deutschland jahrzehntelang meist problemlos national wahrgenommen wurde, auf die EZB verschoben. Dabei unterliegt die EZB in ihrer totalen Unabhängigkeit nicht der geringsten demokratischen Kontrolle.

Auch der EU-Kommission als Maschinenraum der Globalisierung mangelt es an direkter Bürgerkontrolle. Der Kommissionspräsident muss sich zwar einer Bestätigung durch das Europäische Parlament stellen, das für die Bürger der EU spricht, wird aber zuvor von den Regierungen ausgekungelt, die dafür in der Regel Politiker aussuchen, die ihnen nicht gefährlich werden können. Wer kannte schon Barroso, Prodi, Marin oder Santer bevor sie Kommissionspräsidenten wurden?

12. Die neuen Protestbewegungen und was sie bedeuten

Die alten Bewegungen gegen die Globalisierung, wie Weltsozialforum oder Attac, bestanden und bestehen meist aus Angehörigen der Mittelklassen und Universitätsabsolventen. Sie richteten sich mehr gegen die Folgen der Globalisierung in den armen Ländern als in den entwikkelten Ländern (Ausnahme: TTIP). Der neue Protest ist dagegen radikal national gefärbt und zielt auf die benachteiligten Massen der Wähler in den Industrieländern. Dieser Protest macht seit Brexit in Grossbritannien und Trump in USA den herrschenden Eliten in Politik, Wirtschaft und den meisten Medien erstmals wirkliche Sorgen.

Trump hat sich als US Präsidentschaftskandidat sehr deutlich und sehr populistisch gegen die Globalisierung der letzten Jahrzehnte gestellt. Seine Kritiker sind für ihn „nichts anderes als eine gescheiterte Washingtoner Elite, die sich an ihre Macht klammert". Er warnt vor dem „falschen Gesang des Globalismus" und macht die wachsende weltwirtschaftliche Interdependenz für die Benachteiligung amerikanischer Arbeitnehmer verantwortlich: „Unsere Politiker haben eine aggressive Politik der Globalisierung verfolgt, unsere Jobs, unseren Reichtum und unsere Fabriken nach Mexiko und Übersee verschoben. Globalisierung hat die Finanzelite, die für Politiker spendet, sehr reich gemacht. Aber sie hat Millionen unserer Arbeiter mit nichts als Armut und Herzschmerzen gelassen." Sein Programm ist radikal: „Amerikanismus, nicht Globalismus ist unser neues Credo." So will er die Trans-Pacific Partnership (TPP), das Gegenstück zum transatlantischen TTIP aufhalten und „schummelnde" Länder mit Strafzöllen belegen.

Besonders hart geht er mit China ins Gericht und beklagt die Aufnahme Chinas in die WTO: Alle damit verbundenen Versprechungen von Clinton seien nicht eingetreten. Seit dem Beitritt Chinas hätten die USA Millionen von Jobs verloren. Er wolle im Verhältnis zu China wieder Fairness herstellen. Man sei bereits in einem Handelskrieg, den man böse verliere. Er werde das ändern. Dabei geht Trump bis zur Drohung mit einem Austritt aus der WTO. Dass Trump die Globalisierung so in den Mittelpunkt seines Wahlkampfes rückt, zeigt eigentlich nur, wie stark die Unruhe in der Bevölkerung geworden ist.

Zu Brexit und Trump kommt der Aufstieg des Front National in Frankreich (FN), der Freien Volkspartei in Österreich, Wilders Freiheitspartei in den Niederlanden, Grillos 4-Sterne-Partei in Italien, Podemos in Spanien und der AfD in Deutschland. Es sind meist Bewegungen vom rechts-nationalen Spektrum der Politik, die sich mit teils

Kapitel 12

sehr groben und teils weit übertriebenen Parolen, aber auch zutreffenden Argumenten gegen das „System der Eliten" oder das, was sie dafür halten, stellen und damit gegen die Globalisierung. Unterschlagen wird dabei total, wie sehr auch der technologische Fortschritt für die sozialen Probleme verantwortlich ist.

Zu den Feindbildern gehören die EU und besonders der Euro. So heisst es im Wahlprogramm des FN: „Die Europäische Union ist ihren ursprünglichen Zielen total abtrünnig geworden. Die Ergebnisse sind bekannt: Öffnung der Grenzen mit dem Ziel der Produktionsverlagerung, Arbeitslosigkeit, Diktatur der Märkte, Zerstörung der öffentlichen Dienste, Armut, Massenimigration. Installation eines Superstaates mit seiner Verfassung, seinen nicht bestimmten definitiven Grenzen, wo man die Türkei hineinnehmen würde, seiner ultraliberalen und globalen Ideologie, seiner Sucht auf weitere Zuständigkeiten. Der Euro und die Öffnung der Grenzen für eine unfaire Konkurrenz haben Millionen von industriellen Arbeitsplätzen vernichtet, besonders in Frankreich." Dementsprechend tritt der FN für eine Neuverhandlung der EU-Verträge und eine Aufgabe des Euros ein.

Diese Bewegungen suchen bisher mit Parolen, mit denen sie die Fehler der herrschenden Eliten ausschlachten, erfolgreich Zuspruch bei den zahlreichen Verlierern der Globalisierung. Es scheint, als habe sich der Schleier vor der Globalisierung gelüftet und als ahnten die Betroffenen unter dem Eindruck solcher Propaganda erstmals, woher ein großer Teil ihrer sozialen Probleme kommt. Dazu gesellt sich vielerorts noch die Angst vor dem sich ausbreitenden Terror und vor unbeherrschbaren Flüchtlingsbewegungen.

Die Anhängerschaft dieser Protestbewegungen wächst ständig. In Frankreich kommen jetzt ernst zu nehmende Ergebnisse aus den Umfragen, weil die Franzosen ihre Zuneigung zum FN nicht mehr verschweigen, wie das früher sehr oft der Fall war. Für den ersten Wahlgang der Präsidentschaftswahlen in 2017 sehen die letzten Umfragen Marine Le Pen gegenüber den meisten potenziellen Gegenkandidaten aus dem bürgerlichen Lager mit 28 % vorn; nur Juppé hätte noch einen Vorsprung von acht Prozentpunkten. Ein Drittel der befragten Franzosen erklärt sich inzwischen mit den Positionen des FN einverstanden, während es 1992 noch 17 % gewesen waren.

In den Niederlanden kommt die PVV von Gert Wilders nach Umfragen vom Juli 2016 auf etwas über 18 %, fast vier Prozentpunkte mehr als ein Jahr zuvor. In Österreich liegt der FPÖ-Kandidat für die zu wiederholende Präsidentenwahl jetzt mit 52 % vorn. Die Sonntags-Umfrage für die Nationalratswahlen sieht die Partei mit 35 % weit vorn. In Reaktion auf das Brexit-Votum der Briten erklärte der FPÖ-Vorsitzende Strache: „Sollte die EU an ihrer Reformunwilligkeit weiter erlahmen und auch noch Länder wie die Türkei hereinholen, dann ist auch für Österreich eine Abstimmung über den weiteren Verbleib in der EU eine politische Zielerklärung." Die Vereinigte Linke unter Führung der europakritischen Podemos brachte es bei den letzten spanischen Wahlen vom Juni 2016 auf 21 %. Ihr Anführer Pablo Iglesias meinte: "Das deutsche Europa funktioniert nicht mehr, es überzeugt einfach nicht."

Kapitel 12

Selbst der Chefkommentator der liberalen Financial Times Martin Wolf schreibt am 16. Juli 2016: „Stagnation der realen Einkommen über eine längere Periode als je seit dem Weltkrieg ist ein fundamentales politisches Faktum. Wenn regierende Eliten weiterhin versäumen, eine überzeugende Lösung anzubieten, könnten sie bald weggefegt werden und mit ihnen der Versuch, demokratische Selbstbestimmung mit einer offenen und kooperativen Weltordnung zu verheiraten. Steigender Wohlstand versöhnt Menschen mit wirtschaftlichen und sozialen Brüchen. In seiner Abwesenheit bildet sich Wut." Anlass für diesen nachdenklichen und zugleich alarmierenden Kommentar unter der Überschrift „Die globalen Eliten müssen die Warnung populistischer Wut ernst nehmen" war eine neue Untersuchung des McKinsey Global Institute. Der Titel „Ärmer als ihre Eltern? Stagnierende oder rückläufige Einkommen in den fortgeschrittenen Volkswirtschaften" zeigt das Ergebnis an. Der Riss durch die Gesellschaften der Industrieländer ist umso schlimmer, als die meisten Menschen im unteren Teil der immer spitzeren Einkommenspyramide die Hoffnung auf Aufstieg aufgegeben haben und viele, die sich bisher noch im unteren Mittelfeld halten können, fürchten müssen, nach unten abzugleiten.

Nur Deutschland hat eigenartigerweise keine neuere Protestbewegung gegen die Aufspaltung der Gesellschaft. Die einstige Partei für soziale Gerechtigkeit SPD ist schon seit Jahrzehnten, spätestens seit Schröder und seinen „Reformen" zu einem Teil des Establishments verkommen und nun auch noch Partner in der Grossen Koalition der Regierenden. Die LINKE verfolgt zwar soziale Ziele, teilt aber die Flüchtlingspolitik der bürgerlich-konservativen Parteien und wird daher von den meisten Menschen in Deutschland derzeit nicht mehr als Protestpartei wahrgenommen, zumal sie längst zu den Altparteien mit ihren Alt-Kadern zählt und wenig Chancen hat, aus dem 10 %-Ghetto auszubrechen. Den Vorteil aus dieser perversen Situation zieht die AfD. Die aber ist im sozialen Bereich, da rechts von der CDU verortet, das Gegenteil von Protest.

Sollten sich diese politischen Bewegungen mit meist rechts-nationalem Hintergrund durchsetzen, so mangelt es den meisten davon jedenfalls an Rezepten, wie die Globalisierung vernünftig zu managen wäre. Typisch ist dafür auch Trump. In seinem Wirtschaftsprogramm schlägt er vor, den Spitzensteuersatz der Einkommenssteuer von ohnehin schon niedrigen 39,6 % auf nur noch 33 % und den der Unternehmenssteuern von 35 % auf lächerliche 15 % abzusenken und die Erbschaftssteuer ganz abzuschaffen. Wie eigentlich soll die Spaltung der Gesellschaft überwunden werden, wenn sich der Staat arm macht, indem der die Steuern für die Reichen absenkt? Wer wird hier ein weiteres Mal für dumm verkauft?

Mit dem Protest allein wird es also nicht getan sein. Weit besser wäre es, wenn die bisherigen Regierungsparteien und die Wirtschaftsinteressen dahinter endlich zur Einsicht gebracht werden könnten, dass es so nicht weitergehen kann. Vor allem die jüngeren Generationen, die diese schrecklichen Verirrungen der Globalisierung in künftigen Jahrzehnten noch zunehmend ausbaden müssten, sollten endlich begreifen, was auf sie zukommt, wenn sie keinen Politikwechsel erzwingen.

Nachwort und Ausblick

Sie haben mit mir eine weite Reise durch die notwendigerweise nur komprimiert dargestellten wichtigsten Problemzonen der neoliberalen Globalisierung und ihre jeweils angedeuteten Aussichten für die Zukunft unternommen. Da kommen tektonische Kräfte zusammen, die ein schweres Erdbeben erzeugen können. Zwei dieser Kräfte sind schon gesetzt und allenfalls noch von der Geschwindigkeit her, mit der sie sich entwickeln, zu diskutieren. Das ist einerseits, wie in Kapitel 9 ausgeführt, der unaufhaltsame Fortschritt der Automatisierung mit seinen Auswirkungen auf den Arbeitsmarkt, die Löhne und damit die sozialen Strukturen.

Andererseits sind es die demographischen Entwicklungen aussen um „unsere" Welt herum, die vor allem im benachbarten Afrika verbreitet Arbeitslosigkeit und Hunger heraufbeschwören. In Kapitel 8 war beschrieben worden, wie wenig Entwicklung gerade in den armen Entwicklungsländern trotz aller Globalisierung stattgefunden hat. Doch dank Globalisierung hat sich selbst dort über die vor allem aus USA global gesteuerten Medien ein wunderbares Bild unserer Welt verbreitet und die Welle von Wirtschaftsflüchtlingen angetrieben. Smartphones und Telekommunikationsverbindungen sind billig geworden und erlauben den schon Ausgewanderten, mit der Heimat im Kontakt zu bleiben und zu weiterer Auswanderung einzuladen. Die Migrationswelle aus Afrika hat längst begonnen, und auch das eigentlich nicht für Afrika bestimmte

Nachwort und Ausblick

amtliche deutsche Willkommenssignal des letzten Jahres ist dort überall registriert worden.

Die Bevölkerung Afrikas soll sich nach Berechnungen des UN-Bevölkerungsprogramms von derzeit 1,3 Mrd. bis zum Ende des Jahrhunderts noch auf 4,5 Mrd. mehr als verdreifachen, ihr Anteil an der gesamten Weltbevölkerung von 16 % auf 39 % expandieren, ohne dass ausreichende Lebensgrundlagen und vor allem Arbeitsplätze dafür vorhanden sein werden. Schon in 35 Jahren wird die Bevölkerung Afrikas fast dreimal so gross wie die Europas sein. Die meisten Emigranten aus Afrika werden sich ohne Berufsausbildung und oft sogar ohne Schulbildung auf die gefährliche Reise begeben. Dabei ist zu befürchten, dass es sich um den eher dynamischeren Teil der Bevölkerungen handelt, der dann zu Hause fehlen und so das Elend in Afrika noch vergrössern würde.

Wie Europa und Deutschland mit dieser drohenden Bevölkerungslawine umgehen werden, kann man sich derzeit kaum ausmalen. Bald werden wir gelernt haben, wie schwer schon die jüngste, primär von den Bürgerkriegen des Mittleren Ostens angetriebene Flüchtlingswelle zu integrieren ist. Das „Wir schaffen das" wird längst nicht mehr über die Lippen künftiger deutscher Regierungschefs kommen, und erst recht würde die EU zerbrechen, wenn Deutschland immer noch aus der Reihe tanzte. Im besten Fall wird ein grosser Teil unserer Wirtschaftsleistung nach Afrika abzugeben sein, um die Menschen dort zu halten. Die Alternative möchte man sich nicht vorstellen: Bilder verhungernder oder im Mittelmeer in noch weit grösserer

Zahl als heute ertrinkender Menschen und besonders Kinder.

Deutschland wird seine Bildungsanstrengungen erheblich verstärken müssen, damit durch gesteigerte Effizienz der Volkswirtschaft solche Entwicklungsleistungen überhaupt erbracht werden können, aber auch um den technischen Fortschritt einigermassen sozialverträglich zu gestalten. Ebenso brauchen wir das für den internationalen Wettbewerb, besonders mit den aufstrebenden Konkurrenten in Asien. Derzeit betreiben wir Raubbau an unseren eigenen humanen Ressourcen, indem unser Bildungssystem weit unterfinanziert ist und von der Qualität her den Ansprüchen nicht genügen kann.

China wird in der Perspektive ein immer gefährlicherer Konkurrent werden. Noch gibt es im chinesischen Hinterland mehr als eine Milliarde Menschen, die die chinesische Führung zu einem hohen Anteil in die Weltwirtschaft integrieren will und die zu weit niedrigeren Löhnen als den unsrigen arbeiten werden. China wird die Meinungsfreiheit im Lande eher noch stärker beschränken und weder unabhängige Gewerkschaften, noch das Streikrecht zulassen und so seinen künstlichen Wettbewerbsvorteil bewahren. Mit den Gewinnen aus dem Aussenhandel wird China weiter auch deutsche Unternehmen aufkaufen und sich so modernste Technologie aneignen. Sollte sich Europa zu einer Anerkennung Chinas als Marktwirtschaftsland bereitfinden und damit sein Anti-Dumping-Schwert stumpf machen, so wird die so verstärkte Globalisierung für unsere Welt noch verhängnisvoller werden.

Sollte es zum Abschluss von TTIP kommen, so droht unserer Welt auf der anderen Seite des Globus ein verstärkter Wettbewerb aus USA, vor allem im Dienstleistungsbereich, der bisher der Globalisierung noch weitgehend entzogen war. Amerikanische Exporteure und Investoren werden dann mitreden und selbst im Bereich der Daseinsvorsorge Europa bremsen, wenn sie ihre Exporte oder Investitionen für gefährdet halten. Schon das wird unsere Welt zu einer anderen machen.

Sollte, wie wahrscheinlich, der Euro nur nach dem Motto „koste es, was es wolle", zu retten sein, sich die Bundesregierung unter dem Druck der Partner dazu hergeben und der Merkel-Spruch „Scheitert der Euro, scheitert Europa" weiter gelten, so wird die Schuldenunion von den Staatsschulden bis zu den Bankenschulden nicht mehr zu umgehen sein. Schon nach den kommenden Bundestagswahlen wird es da für unsere Welt recht ungemütlich werden. Daneben wird die EZB die negative Zinspolitik mit allen ihren Folgen noch sehr lange fortsetzen.

Schlimme Konsequenzen sind zu befürchten, sollte sich Europa von der Türkei und deren Drohungen mit offenen Grenzen für Flüchtlinge zu einer Aufnahme in die EU erpressen lassen. Die Folge wäre einerseits eine verstärkte muslimische Zuwanderung, zumal wie bisher aus den rückständigsten Gebieten der Türkei, und andererseits ein Niedriglohnwettbewerb, wobei die Türkei nur über Niedrigstlöhne die Arbeitsplätze für ihre über die kommenden 25 Jahre auf 93 Mio. ansteigende Bevölkerung wird schaffen können. Schon jetzt hat Deutschland mit geschätzten 3 Millionen die stärkste türkische Diaspora ausserhalb des Landes. Von denen mit türkischer Nationalität wählten zuletzt 60 % Erdogans AKP, ein höherer Anteil als in

Nachwort und Ausblick

der Türkei selbst. Ihre Integrationsbereitschaft hat sehr enge Grenzen.

Im Umweltbereich stehen die Zeichen im wahrsten Sinne des Wortes auf Sturm. Stürme und Starkregenfälle mit den entsprechenden Zerstörungen und Schäden werden auch in „unserer" Welt zunehmen. Die grossen Versicherungen haben schon begonnen, sich darauf einzustellen, soweit das überhaupt möglich ist. Wenn nicht noch Wunder passieren, werden sich die globalen Entscheidungsstrukturen der Welt trotz aller gelegentlichen Jubelmeldungen aus Berlin als zu schwach erweisen, um der Emissionsentwicklung ausreichend Einhalt zu gebieten. Was immer „unsere" Welt an Emissionen einzusparen sucht, wird besonders von China um ein Mehrfaches in die Gegenrichtung zunichte gemacht. Sollte das 2 Grad-Ziel der Begrenzung der Erderwärmung über den vorindustriellen Zeitraum hinaus nicht erreichbar sein, und wenig spricht dafür, dass es das noch wäre, so könnte die klimatische Entwicklung im Extremfall unkontrollierbar aus dem Ruder laufen. Die Erwärmungsprognosen sehen vor allem für Afrika verheerend aus und würden zu den Wirtschaftsflüchtlingen nach Europa grössere Mengen an Klimaflüchtlingen hinzufügen.

Mehr Globalisierung wird höchstwahrscheinlich noch mehr Aufspaltung der Bevölkerung in Arm und Reich und die weitere Auflösung des demokratischen Konsenses bedeuten. Viel zu einseitig werden die Vorteile aus der Globalisierung verteilt, um den nun schon seit Jahrzehnten laufenden Prozess wenigstens zu stoppen, geschweige denn umzukehren. Deutschland müsste beispielswei-

Nachwort und Ausblick

se alle in den vergangenen Jahrzehnten der Oberklasse gemachten Steuergeschenke wieder einsammeln. Am Ende wäre wahrscheinlich ein steuerfinanziertes, unbegrenztes Grundeinkommen nicht mehr zu umgehen, auch wenn es teuer würde.

Blickt man in die Zukunft der Globalisierung, so ist nicht nur deren Fortschritt in die bisherigen Richtungen Anlass für grosse Sorgen. Umgekehrt könnte eine unüberlegte Zerstörung der vorhandenen Strukturen durch selbsternannte Radikalreformer, wie den derzeitigen amerikanischen Präsidentschaftskandidaten, ebenfalls schweren Schaden anrichten. Brexit hat auch in Europa gezeigt, wie die Volksseele in Wallung zu bringen ist, wenn sich die passenden Anführer mit demagogischen Lügen finden.

Ja, es ist kein schönes Bild, das ich hier male. Man hätte noch mehr Farbe hinzu tun, manche Aussage in längeren Sätzen auflösen können. Das Bild wäre nicht schöner geworden. Jeder kann sich selbst ausmalen, was das am Ende für „unsere" Welt bedeutet. Sie wird in meiner dem Buchtitel entsprechenden Schlussfolgerung untergehen, wenn es nicht in letzter Minute doch noch zu einer Notbremsung durch die betroffenen Bürger kommt. Die Welt selbst wird natürlich nicht untergehen. Sie wird aber für uns eine andere sein und in jedem Fall eine noch viel ungemütlichere als die von heute.

Was uns dahin gebracht hat, sind schwere Fehler einer auf den eigenen kurzfristigen Vorteil bedachten Elite in Politik und Wirtschaft und der ihr anhängenden Medien und selbstberufenen Experten. Die meisten dieser Fehler wurden fern der betroffenen Menschen mit wenig demo-

Nachwort und Ausblick

kratischer Legitimation vorbereitet. Dabei sind hier nur Fehler im wirtschaftlichen und sozialpolitischen Bereich angesprochen worden. Dazu könnte man noch viele aussenpolitische Fehler und militärische Abenteuer legen. Doch das hätte den Umfang dieses Büchleins gesprengt.

Es sind zugleich technokratische Verführungen, denen diese Elite in ihrer Kurzsichtigkeit auf den Leim gegangen ist. Man kann es nur als Arroganz bezeichnen, ein so gigantisches Gebäude an Globalisierung aufbauen zu wollen, ohne die Menschen ausreichend vorzubereiten, anzuhören und dann mindestens eine Mehrheit wirklich mitzunehmen. Seriöse Warnungen gab es genug, doch sie wurden in den Wind geschlagen, beim Euro von einem Kohl, der von Wirtschaft und Währung keine Ahnung hatte und sich selbst über die Warnung der Bundesbank hinwegsetzte. Mal eben 1,3 Mrd. Chinesen unter einem staatswirtschaftlichen Regime in die Volkswirtschaften der kopfzahlenmässig etwa gleichstarken entwickelten Marktwirtschaftsländer einzuladen, ohne sich dabei viel Gedanken zu machen, verlangt ein unglaubliches Mass an Chuzpe, Dummheit oder Eigeninteresse.

Die älteren unter uns, zu denen sich der Autor rechnen muss, werden verdrängt haben, in welch kurzer Zeit sich alle diese Probleme und Fehlentwicklungen aufgebaut haben. Dass man heute so einfach an viele Fakten kommen und dann in relativ kurzer Zeit so ein Buch schreiben und bis zum Druck komplett selbst vorbereiten kann, ist allein der Digitalisierung und dem Internet zu verdanken. Auf den Tag genau, an dem ich diese Zeilen entwerfe, ist es erst 25 Jahre her, dass das „World Wide Web" unter der Aufsicht des britischen Mitarbeiters am CERN

Tim Berners-Lee erstmals einer grösseren Öffentlichkeit bekannt gemacht wurde. Die erste funktionierende Webseite war dann im November 1992 zu betrachten.

Ist es nur Zufall, wenn die Boom-Perioden von Globalisierung und Internet etwa zur gleichen Zeit begannen? Kann es sein, dass das Internet auch der Hebel wird, mit dessen Hilfe und Gegenöffentlicheit die Globalisierung wieder in vernünftigere Bahnen zu lenken ist? Man möchte es hoffen, glauben kann man es leider kaum.

Nach 11 Jahren und 16 Büchern zu wirtschaftlichen und gesellschaftlichen Problemen wird dieses Büchlein wahrscheinlich das letzte sein, mit dem ich eine Bilanz der Globalisierung vorlegen kann. Wie wird wohl die Bilanz in weiteren 11 Jahren ausfallen?

Abbildungen

1_{19333}: Entwicklung des Anteils des Weltexports an der Weltindustrieproduktion 1900-1950 in %

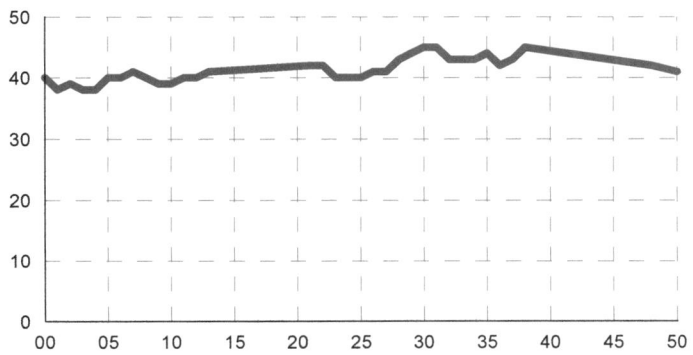

Quelle: Yearbook of International Trade Statistics. © Jahnke - http://www.jjahnke.net

Abbildungen

2₁₉₃₃₅: Entwicklung der Welt-Warenexporte 1950 - 2015

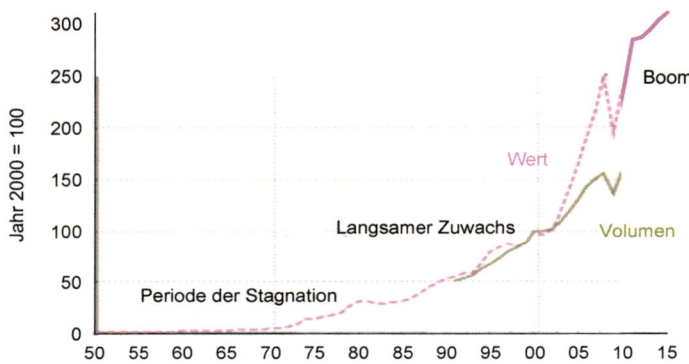

Quelle: UNCTAD. © Jahnke - http://www.jjahnke.net

3₁₉₃₃₇: Wirtschaftswachstum
Bruttoinlandsprodukt preisbereinigt, verkettet

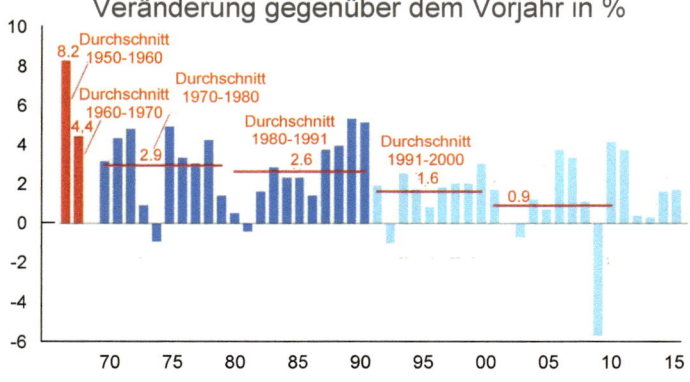

Quelle: Statistisches Bundesamt. © Jahnke - http://www.jjahnke.net

Abbildungen

4₁₉₃₃₆: Anteil des deutschen Außenhandels am BIP in %

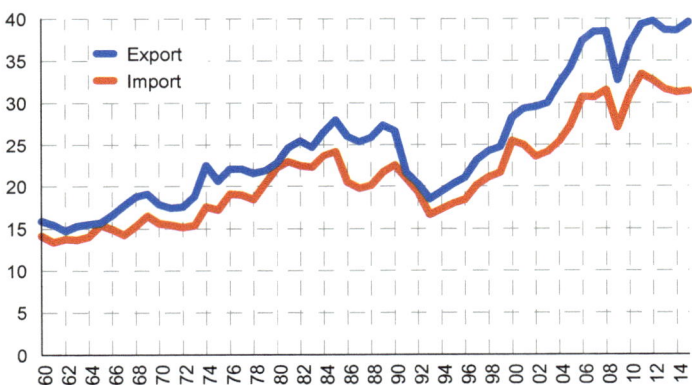

Quelle: Statistisches Bundesamt. © Jahnke - http://www.jjahnke.net

5₁₉₃₃₉: Die Exporteure kultureller Dienstleistungen 2012

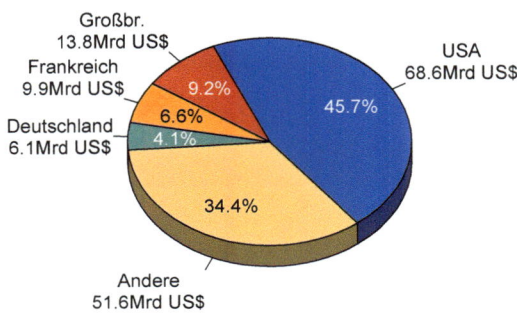

Quelle: UNESCO. © Jahnke - http://www.jjahnke.net

Abbildungen

6[19334]: Entwicklung des Anteils des Weltexports an der Weltwirtschaftsleistung (BIP) in %

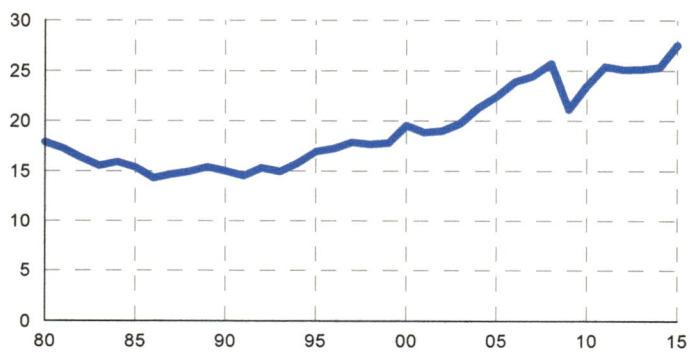

Quelle: Yearbook of International Trade Statistics. © Jahnke - http://www.jjahnke.net

7[19338]: Unternehmen nach Größenklassen 2013 und Anteil am Export in Euro jeweils in %

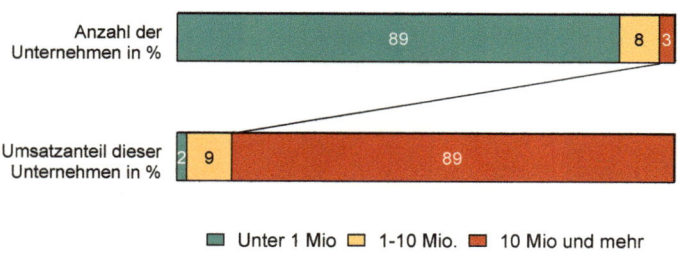

Quelle: Statistisches Bundesamt. © Jahnke - http://www.jjahnke.net

Abbildungen

8₁₆₁₄₃: Tages-Umsatz im Währungshandel in Billionen Dollar

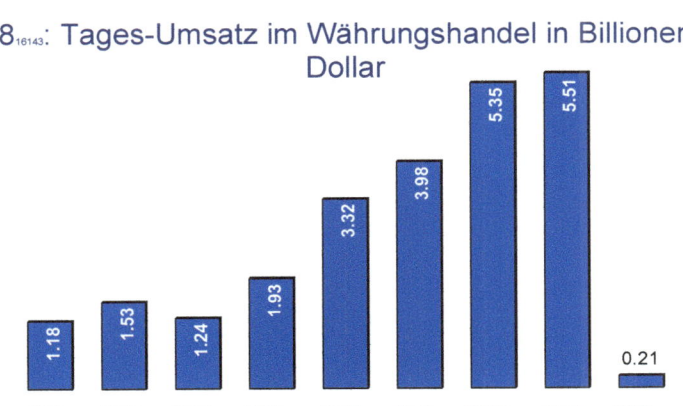

Quelle: BIZ, Triennial Central Bank Survey, September 2010, Statistica,
*) Tagesleistung. © Jahnke - http://www.jjahnke.net

9₁₅₈₂₆: Offshore Anlagen von Superreichen**) in Billionen US$

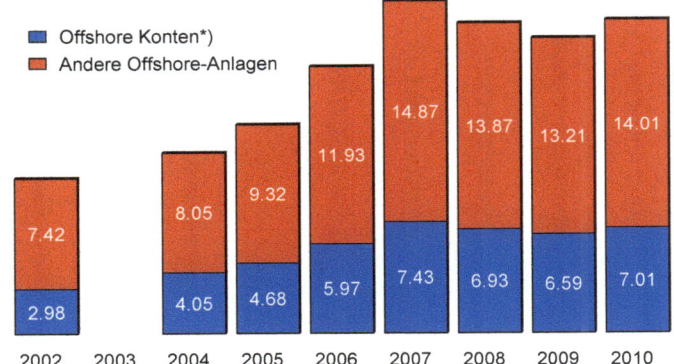

Quelle: James Henry, Tax Justice Network, 22.7.12. *) Nicht-Banken nach BIZ, **) mindestens 1 Mio. US$ frei verfügbares Kapital. © Jahnke - http://www.jjahnke.net

Abbildungen

10[16781]: Forderungen der an die BIZ berichtenden Banken gegen Offshore Zentren Q1 2016 in Mrd. US$

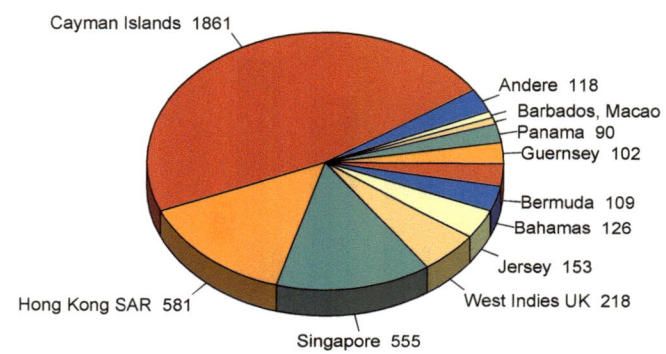

© Jahnke - http://www.jjahnke.net

11[19306]: Steuersatz der Unternehmenssteuern in %

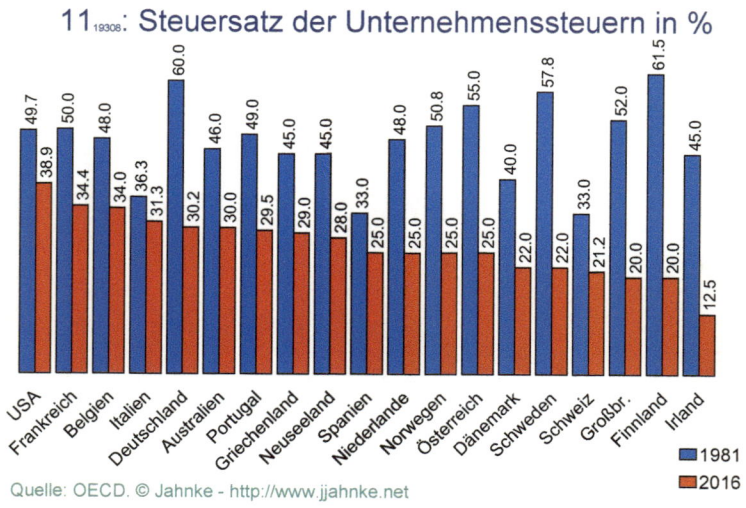

Quelle: OECD. © Jahnke - http://www.jjahnke.net

12[19127]: Chinesischer Exportüberschuß in Mrd US$

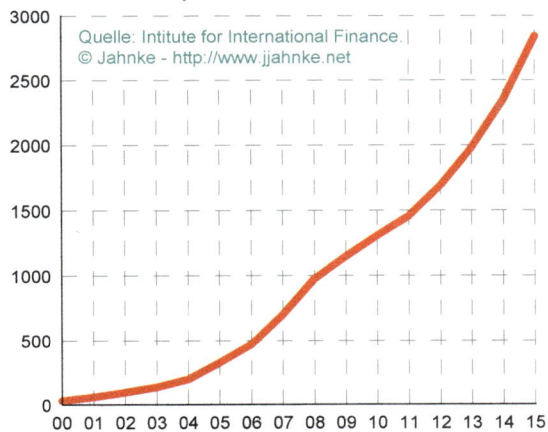

13[19326]: Chinesischer Exportüberschuß kumuliert in Mrd US$

Abbildungen

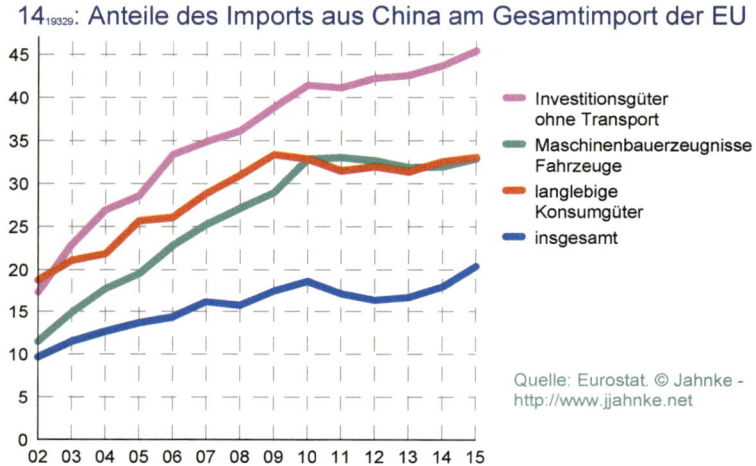

14₁₉₃₂₉: Anteile des Imports aus China am Gesamtimport der EU

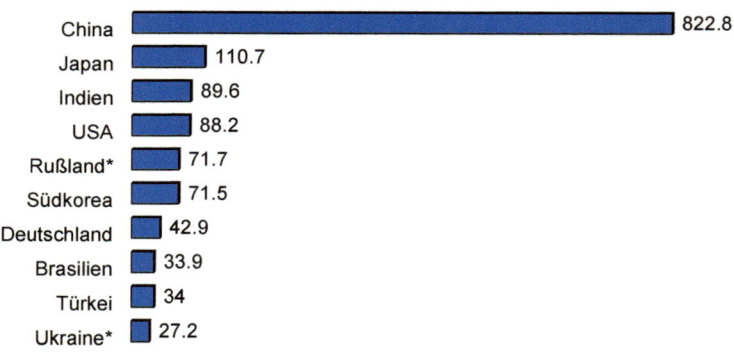

15₁₉₁₃₀: Weltstahlproduktion 2015 in Mio. t

Abbildungen

16[19112]: Industrieproduktion zu Preisen von 2005 in US$

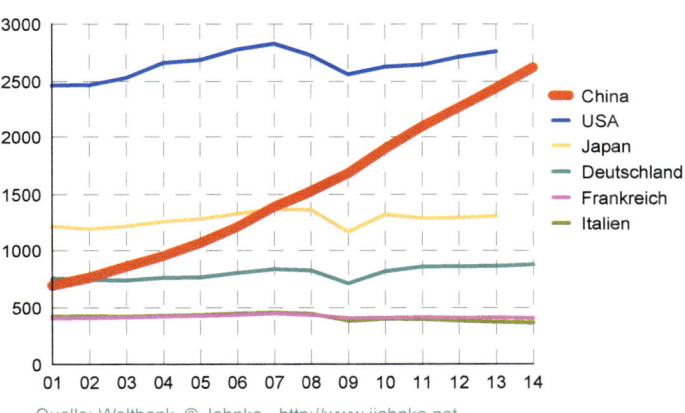

Quelle: Weltbank. © Jahnke - http://www.jjahnke.net

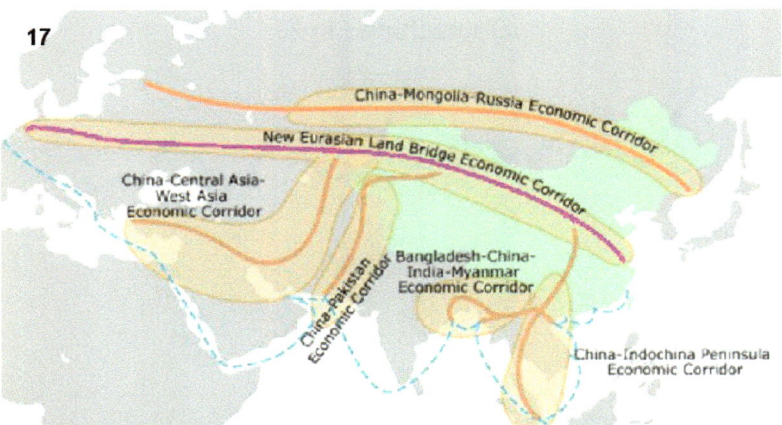

Abbildungen

18: Bestand an deutschen Investitionen in Polen, Tschechien, Slowakei und Ungarn

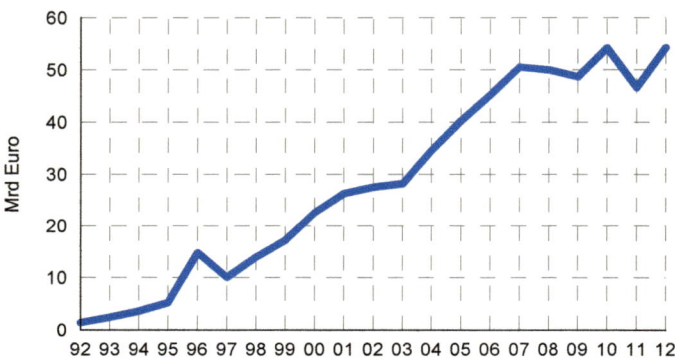

Quelle: OECD. © Jahnke - http://www.jjahnke.net

19: Anteil der Ausrüstungsinvestitionen am BIP in Deutschland in %

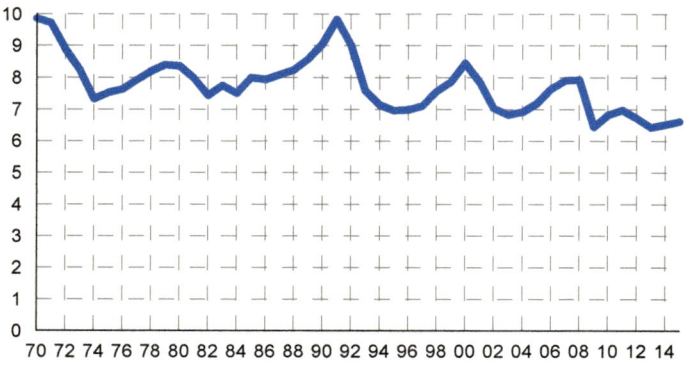

Quelle: Statistisches Bundesamt. © Jahnke - http://www.jjahnke.net

Abbildungen

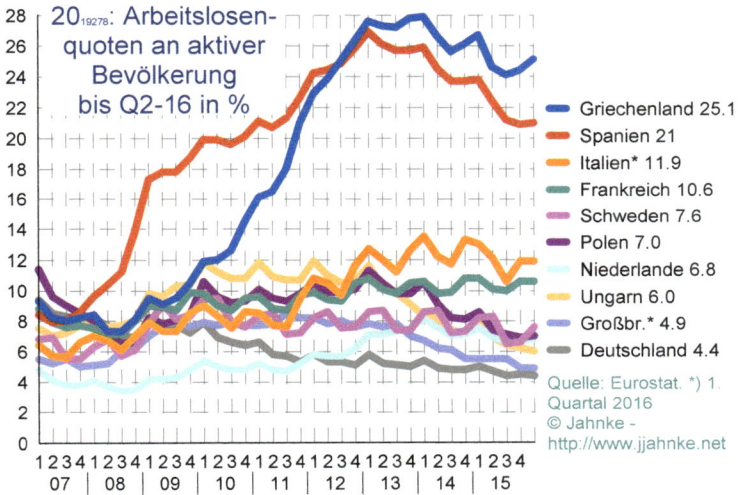

20: Arbeitslosenquoten an aktiver Bevölkerung bis Q2-16 in %

Griechenland 25.1
Spanien 21
Italien* 11.9
Frankreich 10.6
Schweden 7.6
Polen 7.0
Niederlande 6.8
Ungarn 6.0
Großbr.* 4.9
Deutschland 4.4

Quelle: Eurostat. *) 1. Quartal 2016
© Jahnke - http://www.jjahnke.net

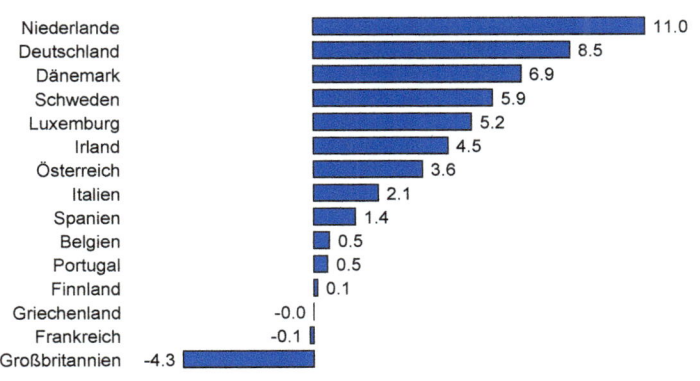

21: Leistungsbilanzen in der EU in % BIP 2015

Quelle: IWF. © Jahnke - http://www.jjahnke.net

Abbildungen

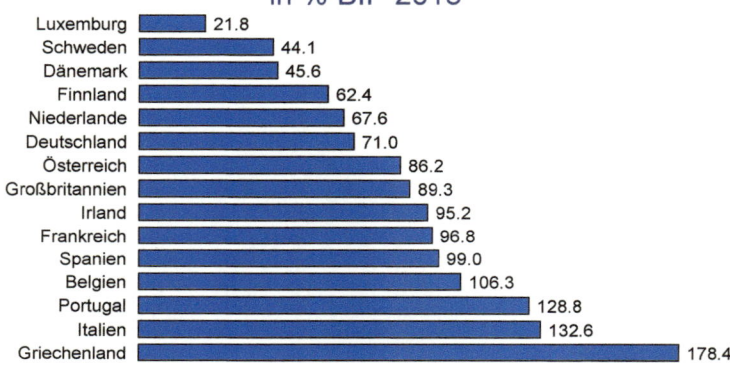

22[19345]: Bruttostaatsverschuldung in der EU in % BIP 2015

Quelle: IWF. © Jahnke - http://www.jjahnke.net

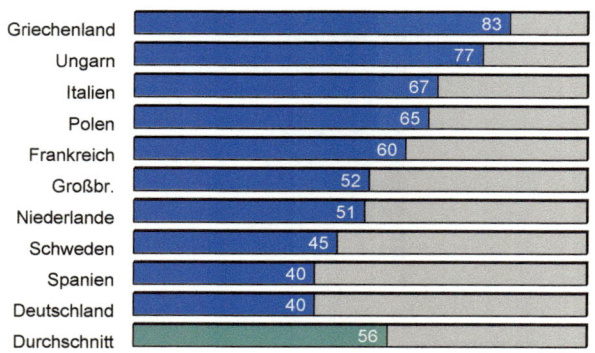

23[19279]: "Mein Land sollte sich auf seine eigenen Probleme konzentrieren"

Quelle: Pew Research Center, "Europeans Face the World Divided", 13.6.16.
© Jahnke - http://www.jjahnke.net

Abbildungen

24[19280]: "Mein Land hat heute weniger internationale Bedeutung als vor 10 Jahren"

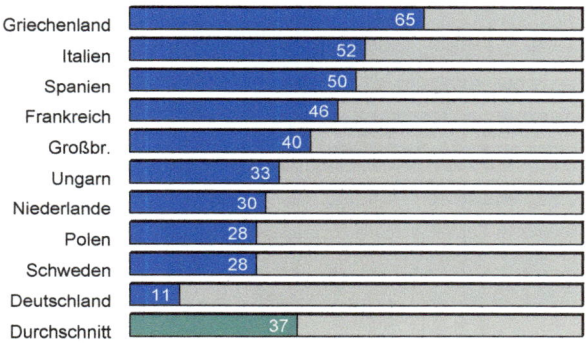

Quelle: Pew Research Center, "Europeans Face the World Divided", 13.6.16.
© Jahnke - http://www.jjahnke.net

25[19281]: "Das globale wirtschaftliche Engagement ist eine schlechte Sache"

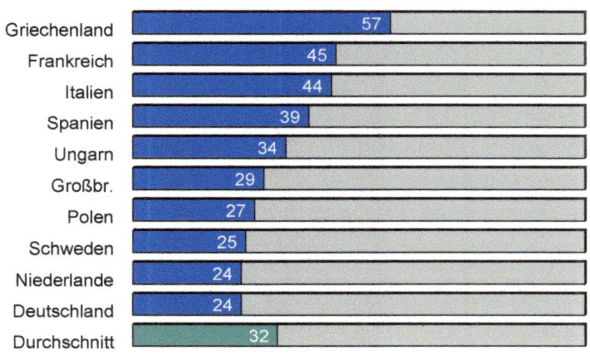

Quelle: Pew Research Center, "Europeans Face the World Divided", 13.6.16.
© Jahnke - http://www.jjahnke.net

Abbildungen

26: "Die globale wirtschaftliche Instabilität ist eine der größten Gefahren"

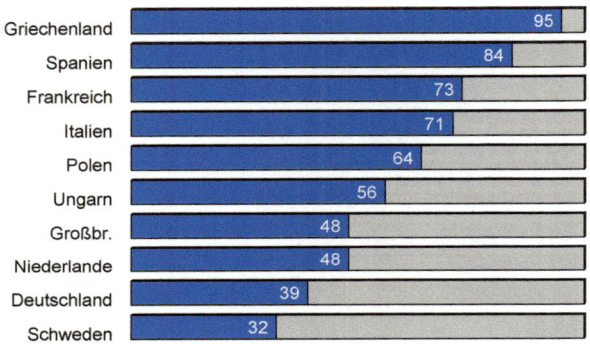

Quelle: Pew Research Center, "Europeans Face the World Divided", 13.6.16.
© Jahnke - http://www.jjahnke.net

27: "Eine große Zahl von Flüchtlingen aus Irak und Syrien ist eine der größten Gefahren"

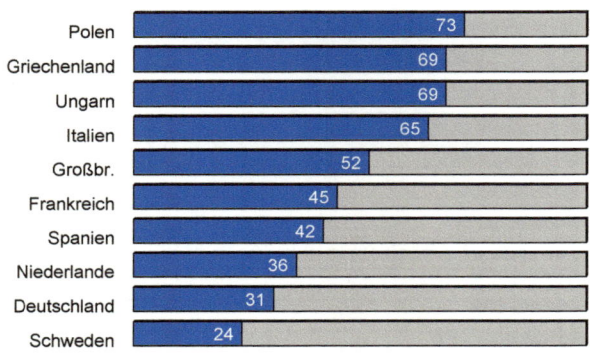

Quelle: Pew Research Center, "Europeans Face the World Divided", 13.6.16.
© Jahnke - http://www.jjahnke.net

28: Deutsch-französische Unterschiede beim globalen Engagement in %

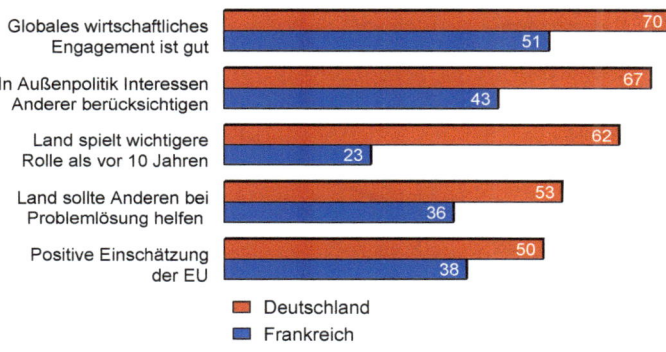

Quelle: Pew Research Center, "Europeans Face the World Divided", 13.6.16.
© Jahnke - http://www.jjahnke.net

29: Deutsch-französische Unterschiede in den Beschäftigungsbedingungen, Anteile in %

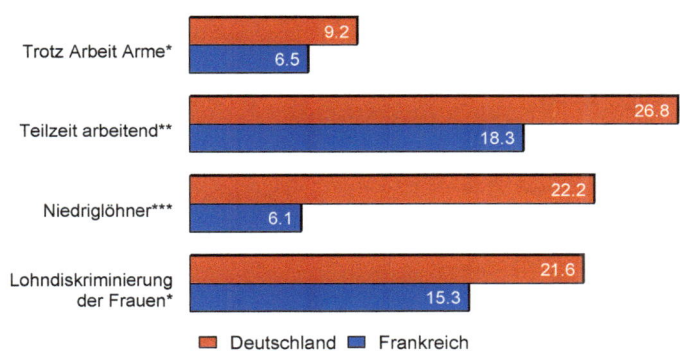

Quelle: Eurostat. *) 2014, **) 2015, ***) 2010. © Jahnke - http://www.jjahnke.net

Abbildungen

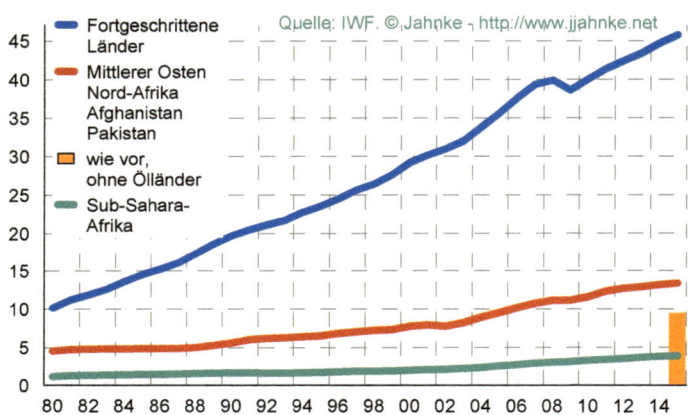

30₁₉₃₂₅: Wirtschaftsleistung pro Kopf nach Kaufkrafteinheiten in 1.000 US$

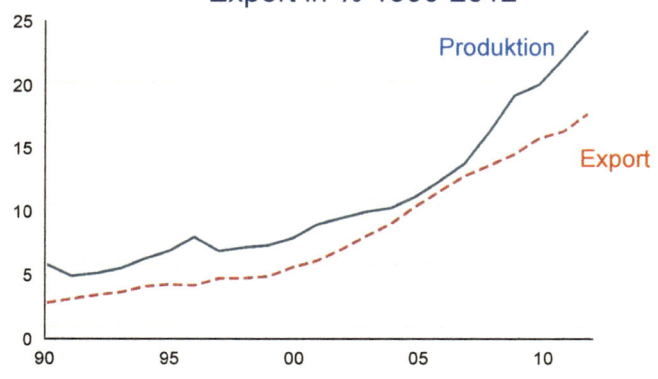

31₁₉₃₂₇: Chinas Anteil an der Welt-Industrieproduktion und -Export in % 1990-2012

Quelle: World Development Indicators. © Jahnke - http://www.jjahnke.net

Abbildungen

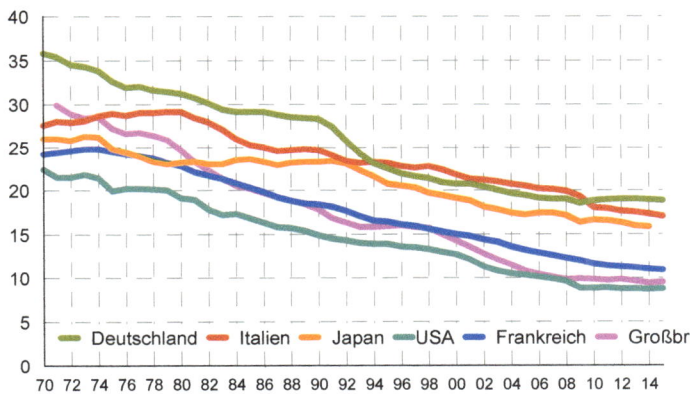

32₁₉₃₁₄: Industrieanteil an der Beschäftigung in %

Quelle: OECD. © Jahnke - http://www.jjahnke.net

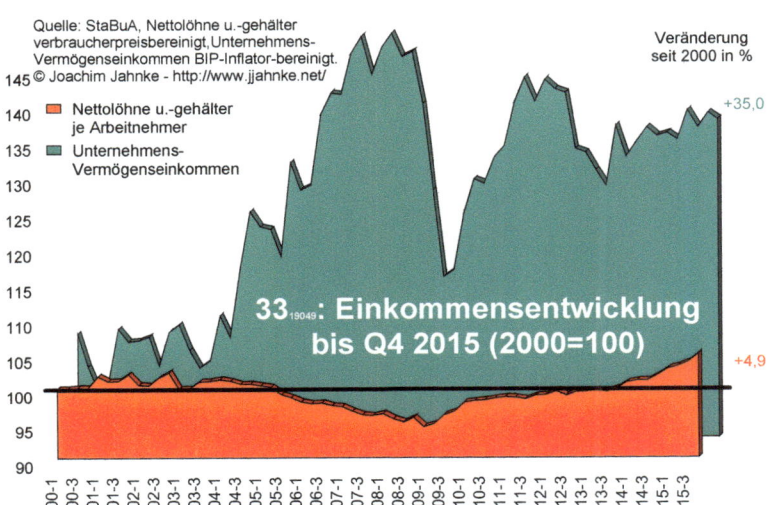

33₁₉₀₄₉: Einkommensentwicklung bis Q4 2015 (2000=100)

Abbildungen

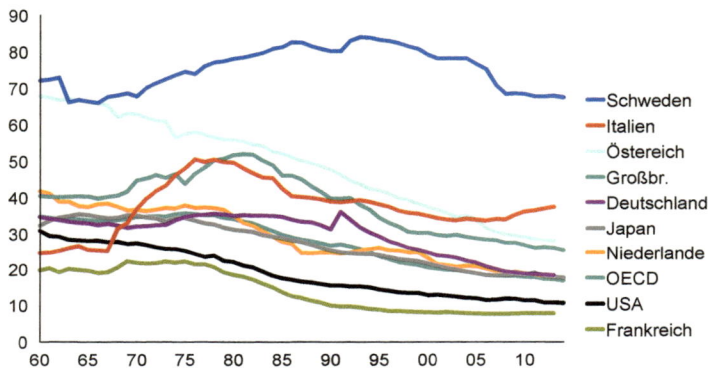

34₁₉₃₁₅: Anteil Gewerkschaftsmitglieder an der gesamten Beschäftigung in %

Quelle: OECD. © Jahnke - http://www.jjahnke.net

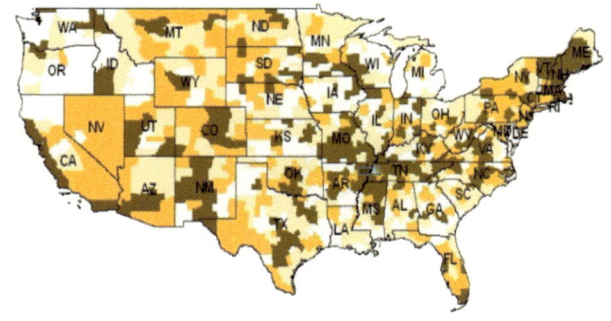

35₁₉₃₂₈: Durchdringung von Distrikten in USA mit Industrieproduktion durch Konkurrenz aus China

Quelle: David Autor, The China Shock: Learning from Labor Market Adjustment to Large Changes in Trade, Februar 2016. © Jahnke - http://www.jjahnke.net

Abbildungen

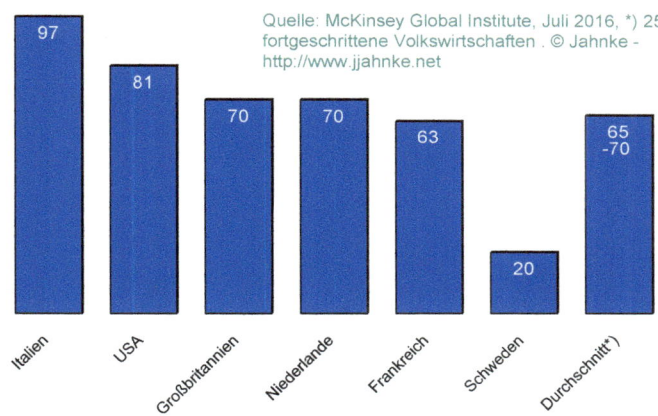

36[19313]: Anteil der Bevölkerungen mit 2005-14 fallenden oder stagnierenden Markt-Einkommen in %

Quelle: McKinsey Global Institute, Juli 2016, *) 25 fortgeschrittene Volkswirtschaften . © Jahnke - http://www.jjahnke.net

37[19318]: Anteile des obersten und untersten Fünftels am deutschen Äquivalenzeinkommen in %

Quelle: Eurostat. Das Äquivalenzeinkommen ist das Einkommen, das jedem Mitglied eines Haushalts, wenn es erwachsen wäre und alleine leben würde, den gleichen Lebensstandard ermöglichen würde, wie es ihn innerhalb der Haushaltsgemeinschaft hat. Dazu wird das Einkommen des gesamten Haushalts addiert und anschließend nach Anzahl und Alter der Personen gewichtet.

81

Abbildungen

38[19322]: Anteil der obersten 10 % der Haushalte am Einkommen

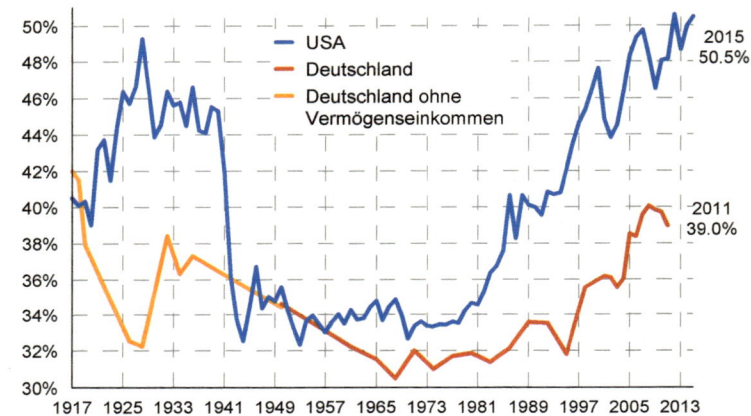

Quelle: The World Wealth and Income Database - WID. © Jahnke - http://www.jjahnke.net

39[19321]: Anteil der obersten 10 % der Haushalte am Einkommen (ohne Vermögenseinkommen)

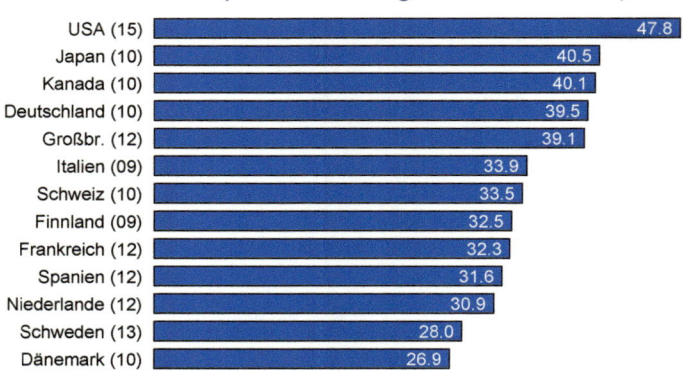

Quelle: The World Wealth and Income Database - WID, in Klammern Erhebungsjahr. © Jahnke - http://www.jjahnke.net

Abbildungen

40: Anteil der obersten 10 % der Haushalte am Einkommen in Deutschland mit und ohne Vermögenseinkommen

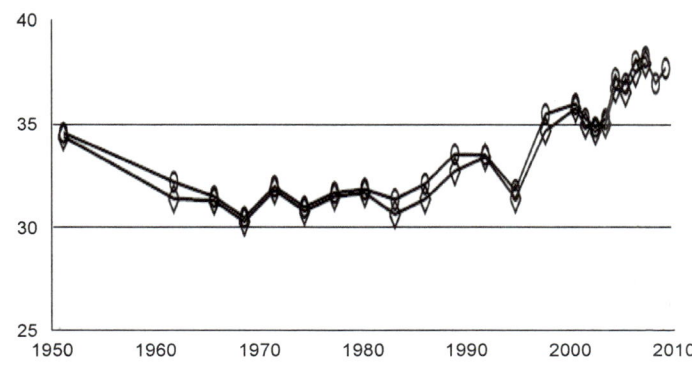

Quelle: The World Wealth and Income Database - WID. © Jahnke - http://www.jjahnke.net

41: Energieintensität*) 2011

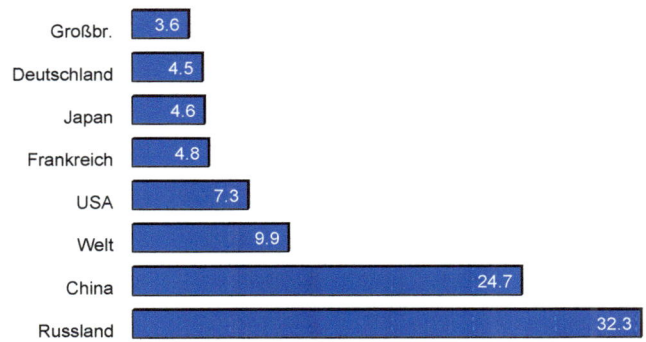

Quelle: US Energy Information Administration. *) Energy Intensity - Total Primary Energy Consumption per Dollar of GDP. © Jahnke - http://www.jjahnke.net

Abbildungen

42[07414]: Atmosphärische Kohlendioxid-Konzentration bis 2015

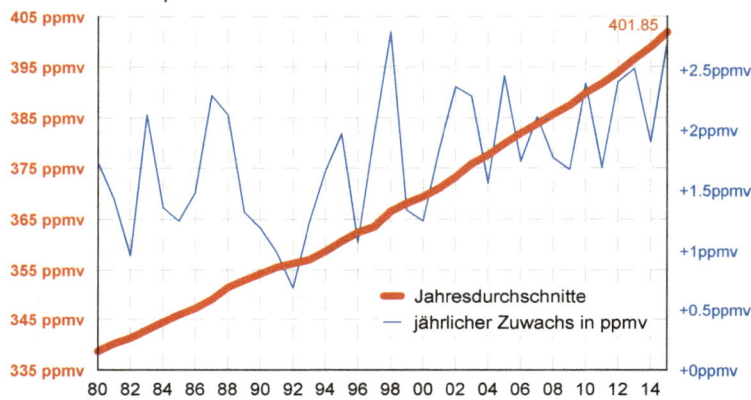

Quellen: Mauna Loa Observatory, Hawaii, US National Oceanic and Atmospheric Administration.
© Jahnke - http://www.jjahnke.net

43[19342]: Anteile an den Welt-Emissionen von CO2 2012

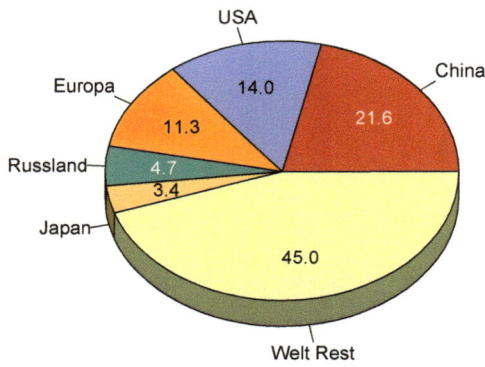

Quelle: US Energy Information Administration. © Jahnke - http://www.jjahnke.net